Seasonal Origami Wreaths
リース折り紙
12か月

パーツを組み合わせて作る楽しい輪飾り

永田紀子
Noriko Nagata

日貿出版社

はじめに

毎年クリスマスリースを発表するのが楽しみな時期がありました。これが数年続いた頃、ふと「クリスマスのときだけではなく、四季折々の自然や行事をテーマにしたリースがあってもよいのでは？」と思い、季節のシリーズを作るようになりました。それから20年近くが経ち、今回、たくさん折りためた作品の中から選んで、1冊の本にまとめることになりました。

　折り紙を使ったリースには、シンプルな折り紙リングを作り、それに動物や花の作品を貼り付けるものが多いようですが、私の場合、季節感のあるパーツをつないで仕上げるという手法をとっています。材料は紙だけ、道具は原則として「自分の手以外は使わない」と「素手」にこだわり、作品のほとんどは糊を使わないでつないでいます。

　つなぎ方はさまざまですが、紙には摩擦があり、しかも円形（リース）につないでいくので力が分散されて「えっ、これでつながるの？」と思うくらい簡単につながるものもあります。どうぞ、いろいろなつなぎ方を楽しんでお試しください。

　作品をきれいに仕上げるには、パーツひとつひとつを丁寧に折って同じ大きさに作ることが大切です。そのために、折り始めの数工程でひと手間かけ、「1本折りすじをつけたら用紙を元に戻し、また改めて次の1本の折りすじをつける」ことを繰り返します。紙を重ねて折ることによる折りずれを減らしたいからです。本書ではその点に配慮した折り工程になっています。

　折りすじをしっかりつけるには、紙の折り目を指の腹で押すだけでなく、爪を立ててこするぐらいに力を入れましょう。紙は思ったより丈夫ですから、折るには指の力がかなり必要です。

　また、出来上がった平面作品は、本などでしばらく重石をするとよいでしょう。こうすると、アイロンをかけたかと思うくらいにピシッと平らな仕上がりになり、つなぎの強度も増します。

　画びょうやマグネット1個で壁面を飾るのが、リース折り紙の楽しさです。ほとんどが平面的な作品ですから、そのまま封筒に入れて送ることもできます。季節感あふれる作品にご自分の気持ちを添えて、カードを送るような気軽さで、遠くの方にお届けしてみてはいかがでしょうか。

　作って楽しむ、飾って楽しむ、プレゼントして楽しむ、教えて楽しむなど、いろいろな楽しみ方をしていただけたなら、大変うれしく思います。

　2017年11月

永田紀子

目次

Contents

		写真	折り図
はじめに		2	
折り方の記号		30	
基本折り2例		31	
3等分折りの方法		31	

		写真	折り図
一月 January	祈りと喜び	4	⟫⟫ 32
	松	5	⟫⟫ 36
	梅	5	⟫⟫ 38
二月 February	ハート	6	⟫⟫ 40
	シンプルハートリース	6	⟫⟫ 42
	椿	7	⟫⟫ 43
三月 March	雛ロンド	8	⟫⟫ 46
	雛飾り	8	⟫⟫ 48
	桜の花びら	9	⟫⟫ 51
四月 April	花飾りのリース	10	⟫⟫ 54
	千代結びチューリップ	11	⟫⟫ 58
五月 May	かぶと	12	⟫⟫ 60
	藤	13	⟫⟫ 64
六月 June	バラ1	14	⟫⟫ 66
	バラ2	14	⟫⟫ 68
	賑わいぞろいのリース	15	⟫⟫ 71

		写真	折り図
七月 July	あじさい	16	⟫⟫ p.72
	流れ星	17	⟫⟫ p.74
八月 August	金魚	18	⟫⟫ 76
	ヨット	18	⟫⟫ 78
九月 September	お月見	19	⟫⟫ 80
	うさぎのロンド	20	⟫⟫ 84
十月 October	実りの秋	21	⟫⟫ 86
	きのこ	21	⟫⟫ 89
十一月 November	落ち葉	22	⟫⟫ 91
	もみじ	23	⟫⟫ 93
十二月 December	クリスマスリース1	24	⟫⟫ 95
	クリスマスリース2	25	⟫⟫ 98

いろいろなリース
Various Wreaths

	写真	折り図
リボン	26	⟫⟫ 101
チューリップ	27	⟫⟫ 104
ママを追って（かるがもの親子）	28	⟫⟫ 106
くまさん	28	⟫⟫ 108
TRUE HEART（夢がかなうハート）	29	⟫⟫ 109

おわりに ⋯⋯ 111

一月
January

祈りと喜び
Prayer and joy
>>> p.32

真っ赤な太陽に向かって鶴が金色に染まって飛んでいく初日の出をイメージしました。リース本体の組み方により、1〜8個の鶴をつけることができます。

松
Pine trees
≫ p.36

梅
Plums
≫ p.38

表から見ると、古木の幹に梅の花が数輪。裏から見ると、輪の中に梅一輪の型抜きシルエットが浮かび上がります。

裏から見た写真

二月
February

ハート
Hearts
>>> **p.40**

バレンタインデーに真っ赤なハートのリースはいかが？

シンプル
ハートリース
Simple heart wreath
>>> **p.42**

椿
Camellias
>>> **p.43**

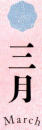

三月
March

雛ロンド
Hina ring
>>> p.46

雛飾り
Playing with hinadolls
>>> p.48

お内裏様とぼんぼり、菱餅、桜、橘を組み合わせた、楽しい雛祭りのリースです。

桜の花びら
Cherry blossoms
>>> **p.51**

花びらを組み合わせたシンプルなリース。
5枚組みと6枚組みがあります。

四月
April

花飾りのリース
Decorated flowers
>>> p.54

千代結び
チューリップ
Tulips by the Chiyo knot

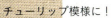

》》 p.58

日本伝統の「千代結び」を利用してリースを作りました。赤と緑や黄色と緑の両面カラー折り紙を使うと、こんなモダンなチューリップ模様に！

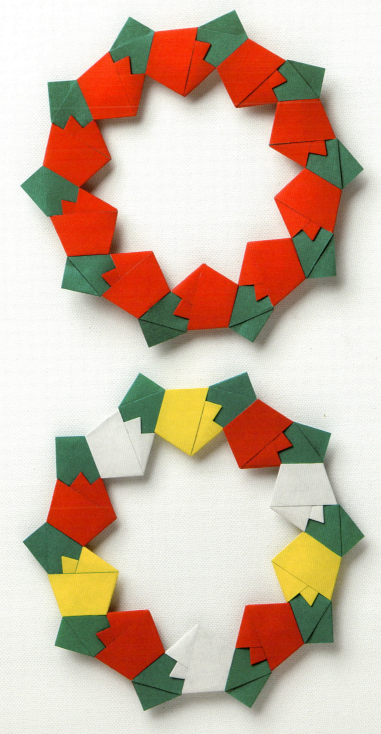

五月
May

かぶと
Japanese helmets
》》**p.60**

伝承折り紙の「かぶと」を長方形用紙で折ってつないでいます。

藤
Wisterias
》》 **p.64**

六月
June

バラ 1
Roses 1
>>> **p.66**

バラ 2
Roses 2
>>> **p.68**

「バラ1」よりも少し豪華な花。上は 6 個つなぎ、下は 12 個つなぎです。

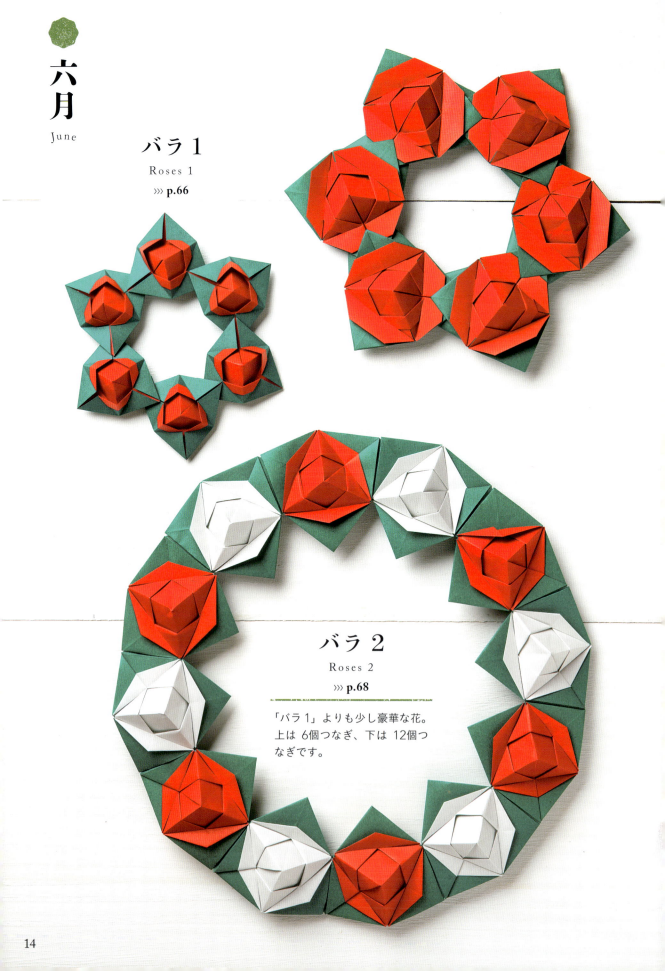

賑わいぞろいの
リース
Wreath with the Froebel patterns
>> p.71

バラ以外に「フレーベルの模様折り」の応用でいろいろな模様を作り、華やかなリースに仕上げました。

七月
July

あじさい
Hydrangeas
>>> p.72

梅雨空の下、色鮮やかに咲く紫陽花の花。赤・青・紫などさまざまな色の紙で折ってみましょう。

流れ星
Shooting stars
≫ p.74

八月
August

金魚
Goldfishes
>>> **p.76**

ヨット
Yachts
>>> **p.78**

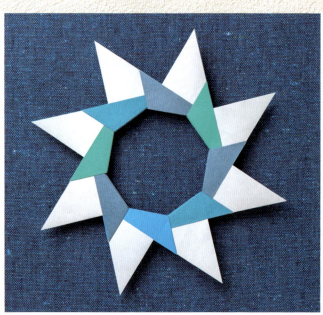

九月
September

お月見
Moonlight party
>>> **p.80**

お月様と月見団子をすすきでつないだ変形リースです。お月様の中には、うさぎの顔をつけています。

うさぎのロンド
Rabbits
>>> p.84

十一月
November

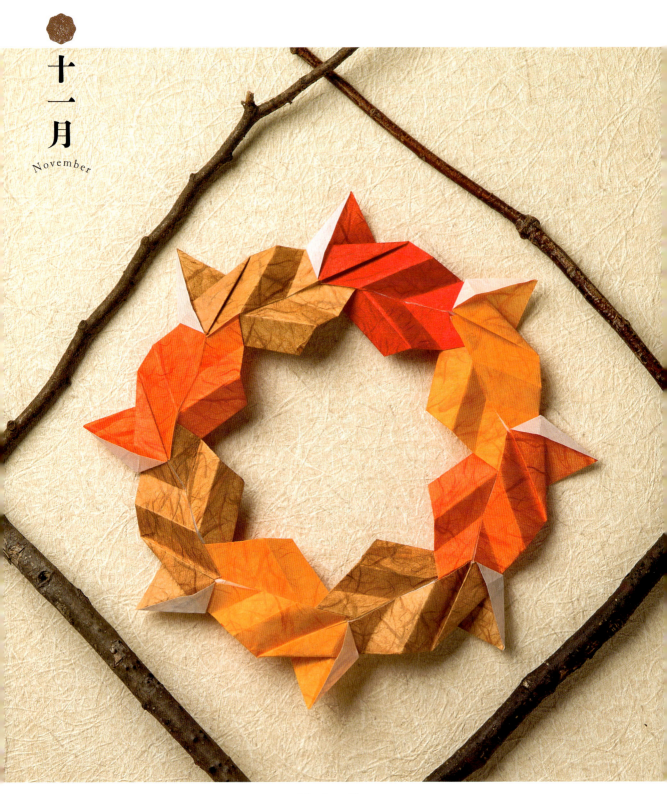

落ち葉
Fallen leaves
>>> p.91

いろいろな色彩の葉を組み
合わせてみましょう。

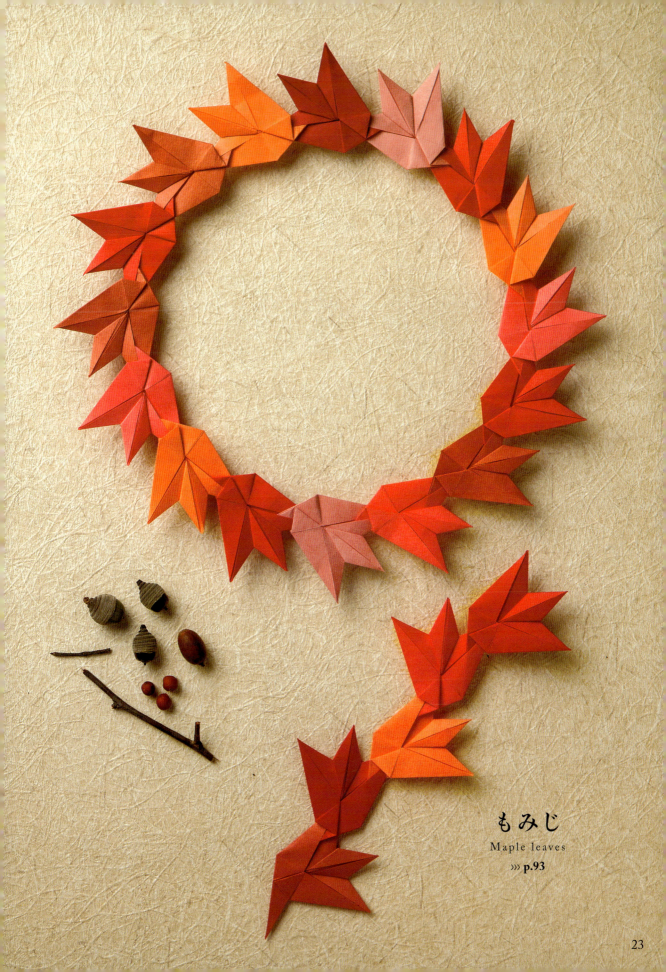

もみじ
Maple leaves
>>> p.93

十二月
December

クリスマスリース1
Christmas wreath 1
>>> **p.95**

渋い赤と緑の両面カラー用紙で作ったちょっとシックなリースです。鮮やかな赤や金色、銀色などの紙を使うと、雰囲気が変わりますよ。

クリスマスリース 2
Christmas wreath 2
>> p.98

ベルとキャンドルの他に、「リボン」(p.101)や「動くハート」(p.40)も貼りつけて、キュートなリースにしてみました。

いろいろなリース

Various Wreaths

リボン
Ribbons
》》p.101

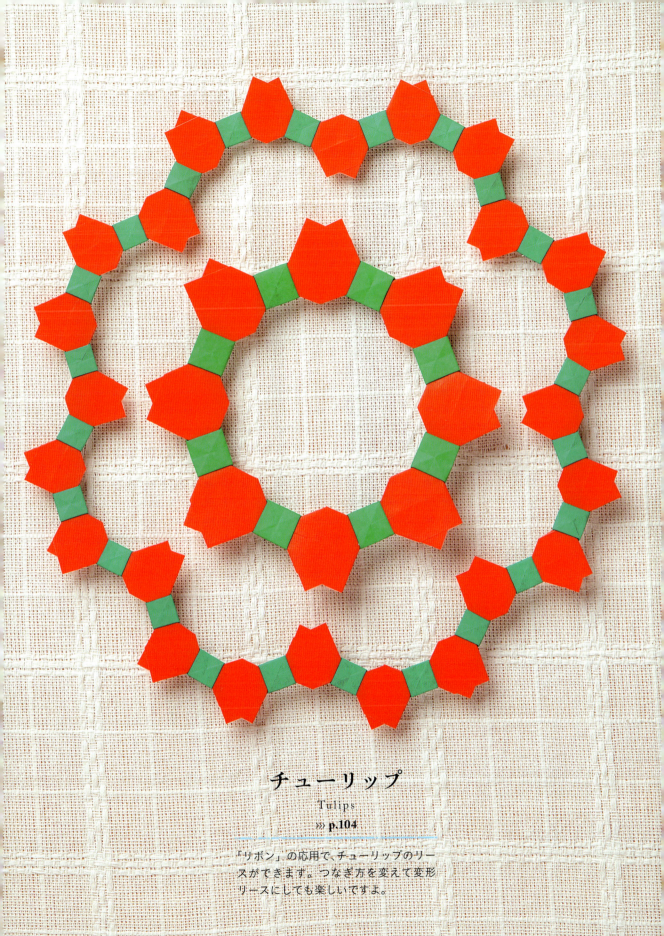

チューリップ
Tulips
≫ p.104

「リボン」の応用で、チューリップのリースができます。つなぎ方を変えて変形リースにしても楽しいですよ。

くまさん
Tiny bears
>>> p.108

ママを追って
（かるがもの親子）
Chasing the mom of duck
>>> p.106

輪飾りではなく、直線的につなげるおまけの作品です。

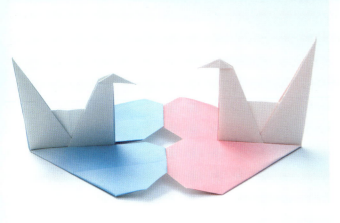

TRUE HEART
（夢がかなうハート）
True hearts for
a dream comes true
>>> **p.109**

ハートの上に乗った鶴のパーツを、いろいろな形に組み合わせて楽しむことができます。

折り方の記号

------- 谷折り線   —・—・—・— 山折り線

※はじめのうちは区別がつきにくいですが、どちらも折る方向を示す矢印の指示通りに折れば、いつの間にかマスターできてしまいます。

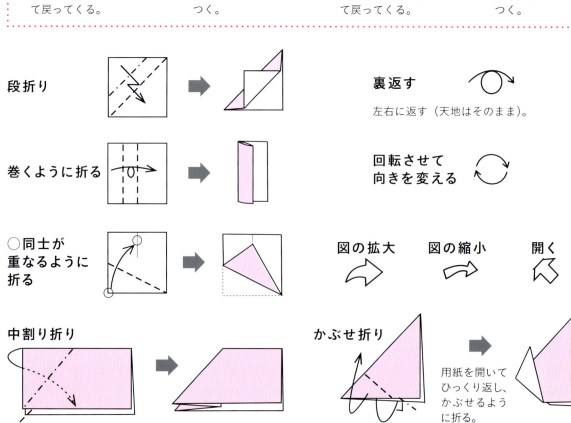

基本折り2例

折り始めの数工程によく使われる準備折りです。〈風船の基本折り〉〈鶴の基本折り〉ともに、「1回折ったら紙を開いて再び次の折りをする」という工程を繰り返します。折りによる紙のずれを減らすやり方です。

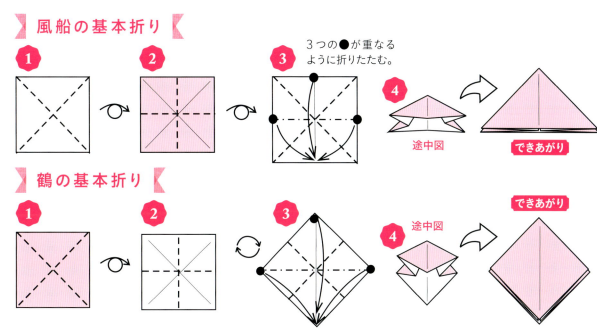

3等分折りの方法

紙を3等分するには、次の3つの方法があります。

I 定規で測って3等分点を決める

II ジグザグに折って3等分点を決める もっともよく使われる折り方です。

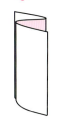  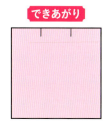

用紙に折り目をつけずに、軽くジグザグ折りをし、微調整しながら端を合わせる。

上端がぴったり3重になったら開く。

III 定規代わりの紙を使って3等分点を決める

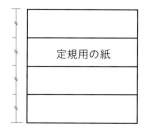 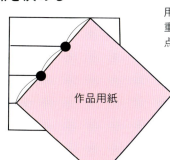

同じ大きさの紙を2枚用意し、1枚に4等分の折りすじをつける。

用紙の両端が折りすじにぴったり重なるように斜めに置くと、3等分点を写し取ることができる。

定規用の紙に8等分の折りすじをつけると、5等分や7等分なども簡単にできます。
※阿部恒氏による方法です。

一月 祈りと喜び Prayer and joy　写真 >> p.4

新年らしく鶴が宙に舞う姿を表してみました。鶴の羽のすきまの「ボタンホール」に、リースのパーツの「ボタン」をはめ込んで、リース本体に1〜8個の鶴を取りつけます。パーツには「ボタンなし」「斜めボタンつき」「垂直ボタンつき」の3種類がありますが、これらの組み合わせ方を変えると、いろいろなバリエーションを楽しむことができます。

▶正方形用紙8枚使用。7.5×7.5cmの用紙で直径15cmのリースができます。

ボタンなしのパーツ

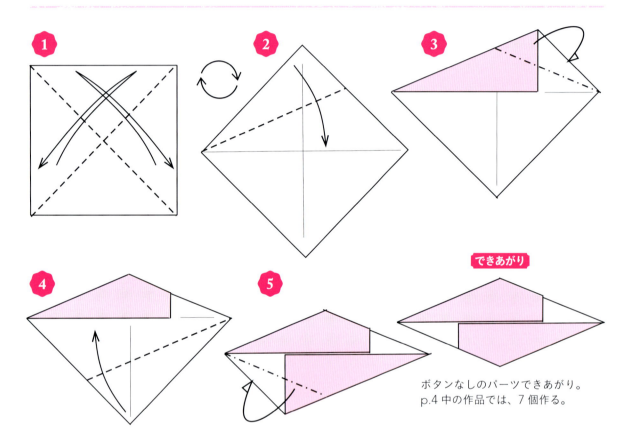

ボタンなしのパーツできあがり。
p.4中の作品では、7個作る。

斜めボタンつきのパーツ

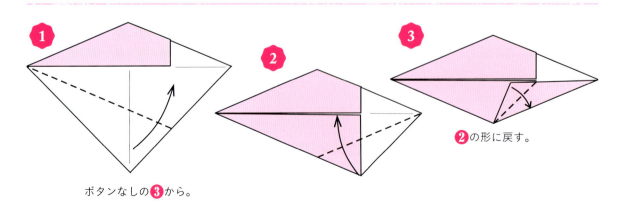

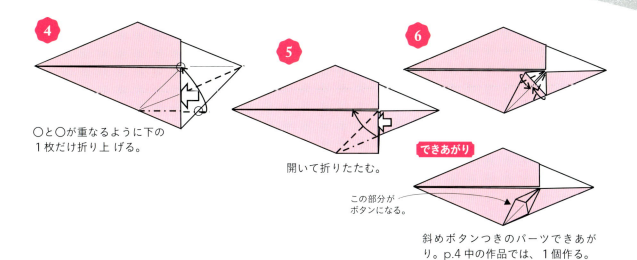

④ ○と○が重なるように下の1枚だけ折り上げる。

⑤ 開いて折りたたむ。

⑥

できあがり
この部分がボタンになる。

斜めボタンつきのパーツできあがり。p.4中の作品では、1個作る。

つなぎかた

p.4中の作品のつなぎ方です。ボタンなし7個、斜めボタンつき1個を使います。

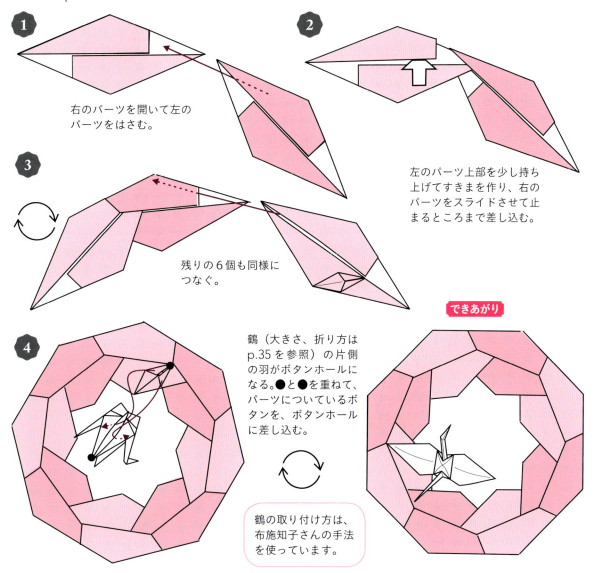

① 右のパーツを開いて左のパーツをはさむ。

② 左のパーツ上部を少し持ち上げてすきまを作り、右のパーツをスライドさせて止まるところまで差し込む。

③ 残りの6個も同様につなぐ。

④ 鶴（大きさ、折り方はp.35を参照）の片側の羽がボタンホールになる。●と●を重ねて、パーツについているボタンを、ボタンホールに差し込む。

鶴の取り付け方は、布施知子さんの手法を使っています。

できあがり

一月　祈りと喜び

垂直ボタンつきのパーツ

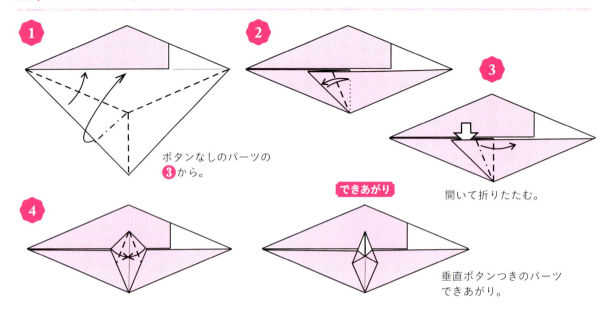

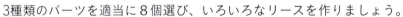

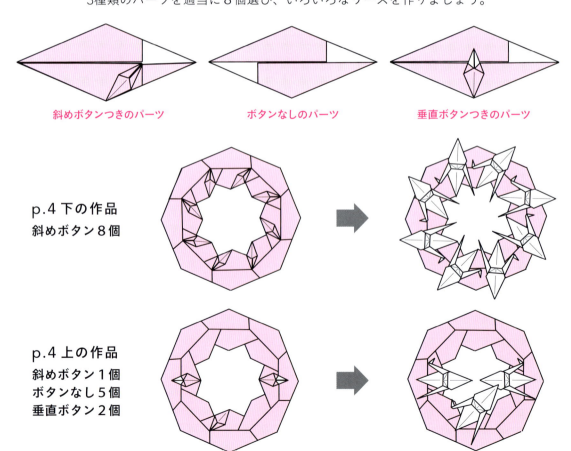

伝承の「鶴」の折り方

リースのボタンに取りつける鶴です。
リースのパーツと同じ大きさか、それより少し大きい用紙を使います。

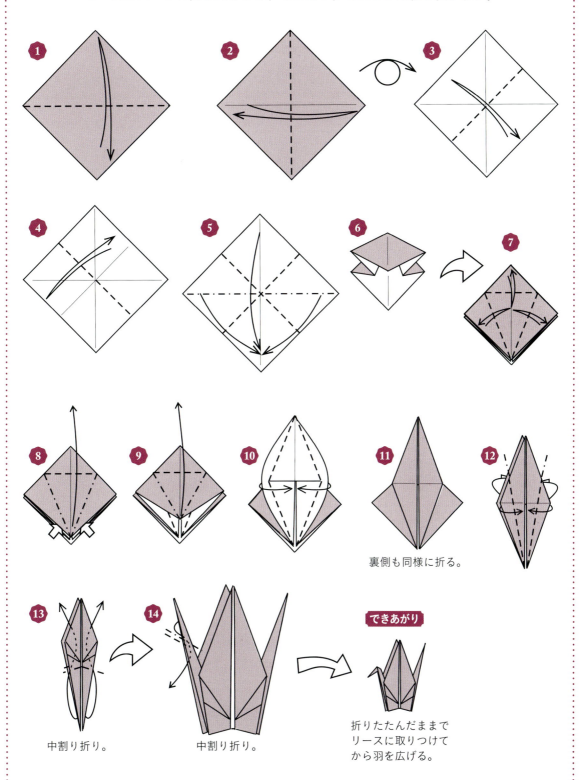

松 Pine trees 写真 >> p.5

「祈り」と同じように鶴をつけると華やかになります。また、九月の敬老の日にも使えます。このリースのアレンジが三月「雛飾り」、十二月「クリスマスリースのキャンドル」に変身します。

▶正方形用紙 8枚使用。7.5×7.5cmの用紙で直径 13cmのリースができます。

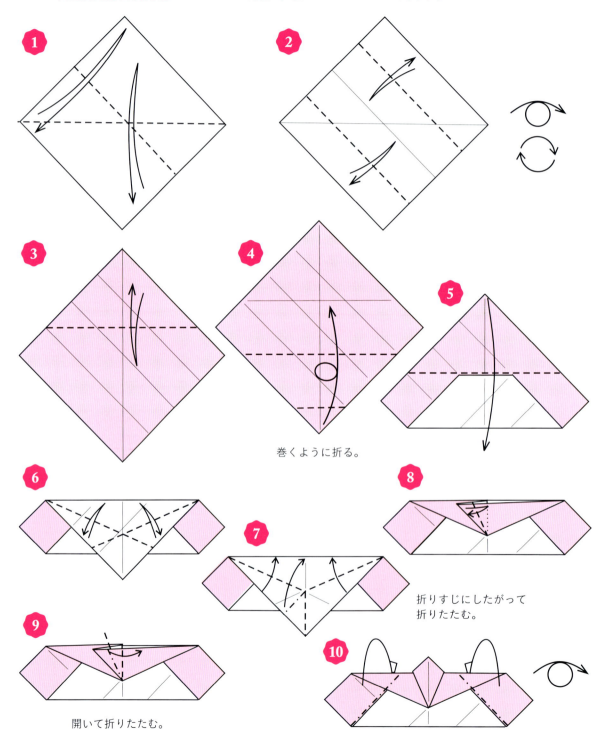

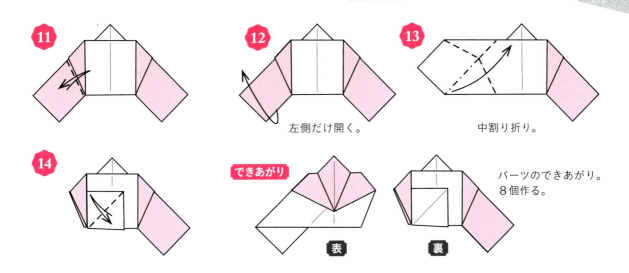

左側だけ開く。 中割り折り。

パーツのできあがり。
8個作る。

表　裏

つなぎかた

裏側を見てつなぎます。

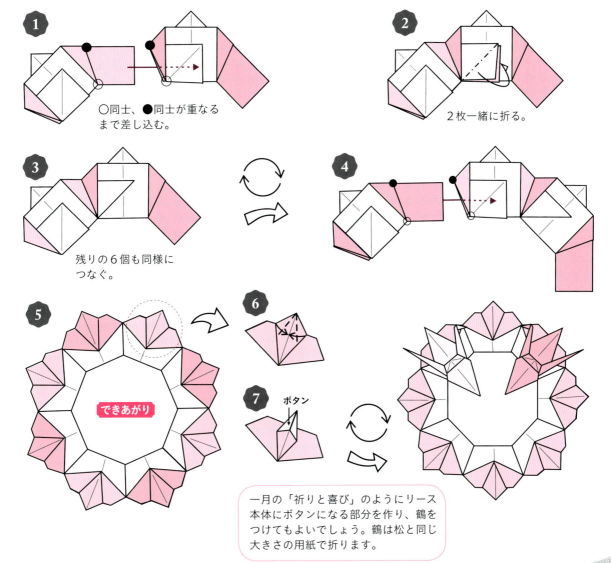

○同士、●同士が重なるまで差し込む。

2枚一緒に折る。

残りの6個も同様につなぐ。

ボタン

一月の「祈りと喜び」のようにリース本体にボタンになる部分を作り、鶴をつけてもよいでしょう。鶴は松と同じ大きさの用紙で折ります。

37

一月 梅 Plums　写真 >> p.5

陽だまりに、ほころびだした数輪の梅の花を見つけたとき、幹と枝をリースの輪に見立てて花を咲かせてみようと思いつきました。

▶正方形用紙 5枚使用。7.5×7.5cmの用紙で直径 12cmのリースができます。

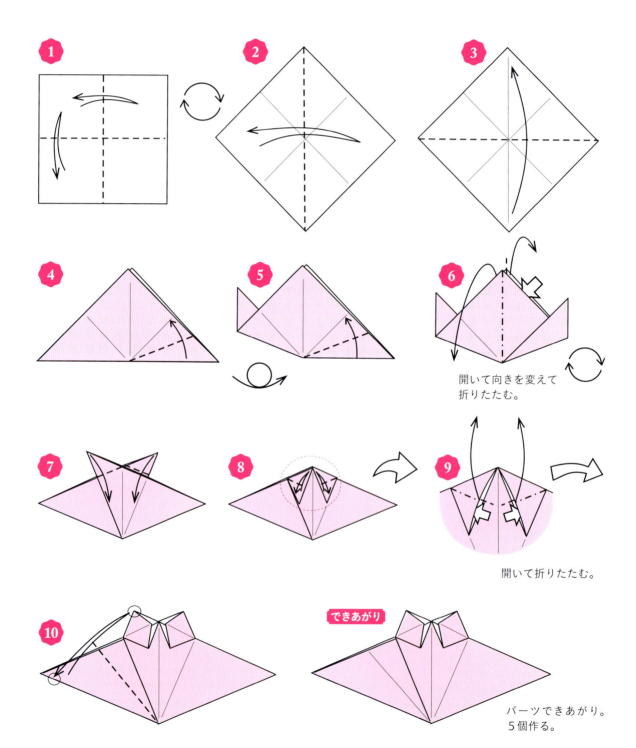

開いて向きを変えて折りたたむ。

開いて折りたたむ。

できあがり

パーツできあがり。
5個作る。

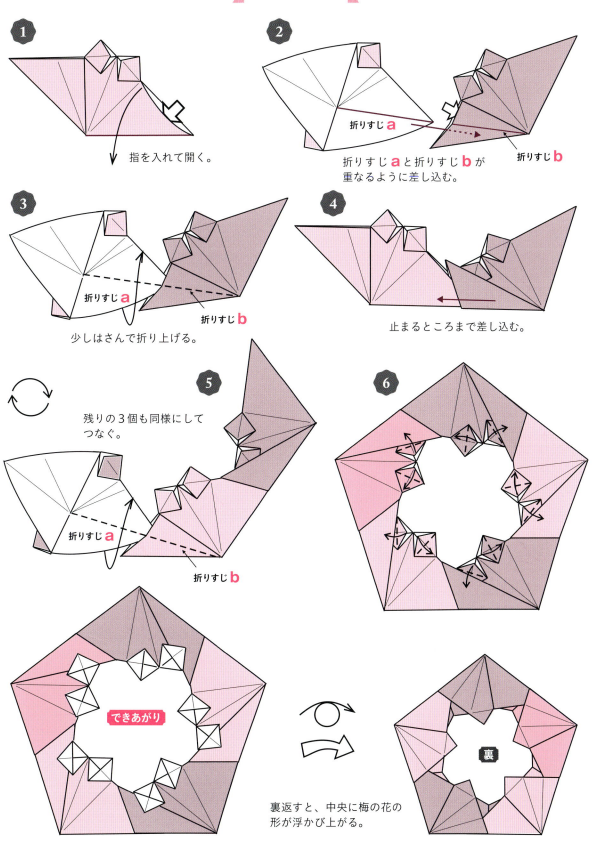

ハート　Hearts　写真 >> p.6

1993年来日されたイギリスのデヴィッド・ペティさんに「動くハート」を教わりました。裏側の持ち手の根元を指ではさみ指先に力を入れるとピクピク動き、しかも音まで出るのです。このような機能は残せませんでしたが、つないでハートのリースができました。

▶長方形用紙8枚使用。15×5cmの用紙で直径15cmのリースができます。

動くハート（Moving heart by Mr. David Petty）

まずはペティさんの「動くハート」をご紹介します。

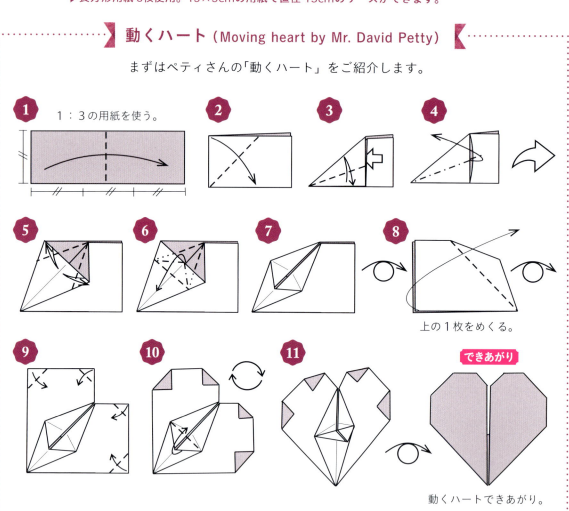

「動くハート」をアレンジして、ハートリースを作りましょう。

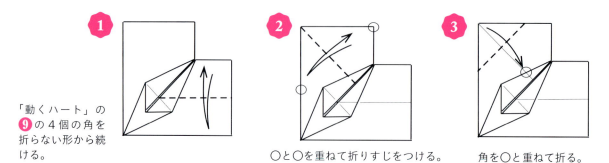

④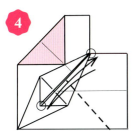
⑤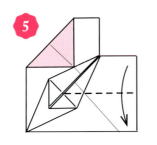
⑥⑦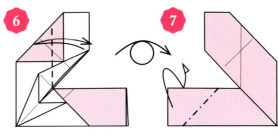

○と○を重ねて折りすじをつける。

2枚を一緒に折りすじをつける。

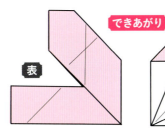
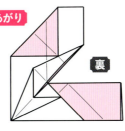

できあがり 表 裏

パーツできあがり。
8個作る。

つなぎかた

❶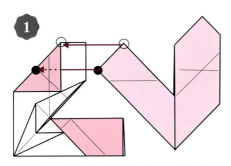
❷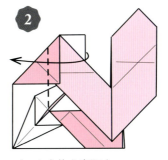
❸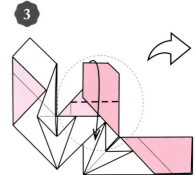

○同士を重ねる。●は差し込んで重ねる。

パーツ全体を裏返す。

❹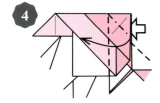
❺
❻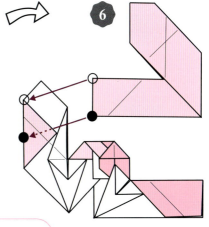

開いて折りたたむ。

ひだの下に差し込む。

残りの6個も同様につなぐ。

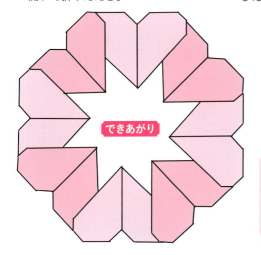

できあがり

はじめの1個と最後の1個をつなぐときは表を見てつなぎます。最後の1個の右半分をめくって裏を出し、❶のようにつなぎます。

41

シンプルハートリース Simple heart wreath 写真 >> p.6

わずか2工程でパーツができます。最初、ここから葉っぱのリースを作りましたが、折り紙仲間の立通啓子さんのひとことでハートに生まれ変わりました。
▶正方形用紙 8枚使用。7.5×7.5cmの用紙で直径17cmのリースができます。

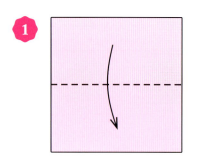
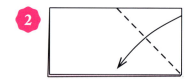
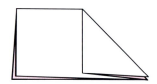

できあがり
パーツできあがり。
8個作る。

つなぎかた

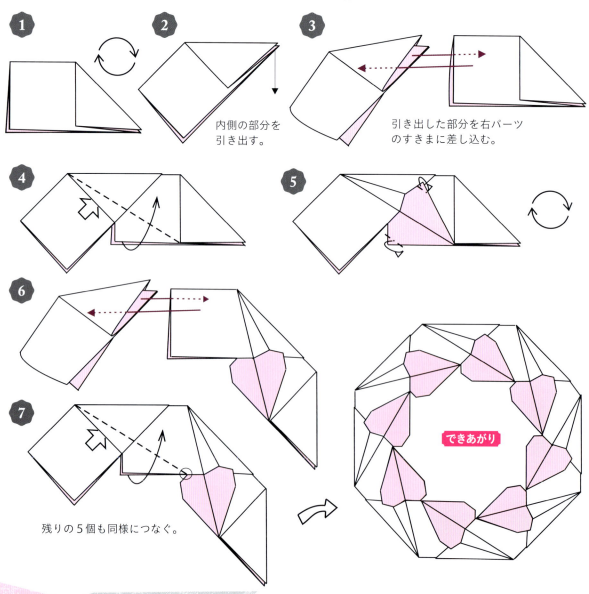

残りの5個も同様につなぐ。

椿　Camellias　写真 >> p.7

6個つなぎの花だけでつながれたリースです。パーツは少し折り変えるだけで、つなぎの部分が葉に変化します。その場合は赤と緑などの両面カラー用紙を使うとよいでしょう。

▶正方形用紙 6枚使用。15×15cmの用紙で直径19cmのリースができます。

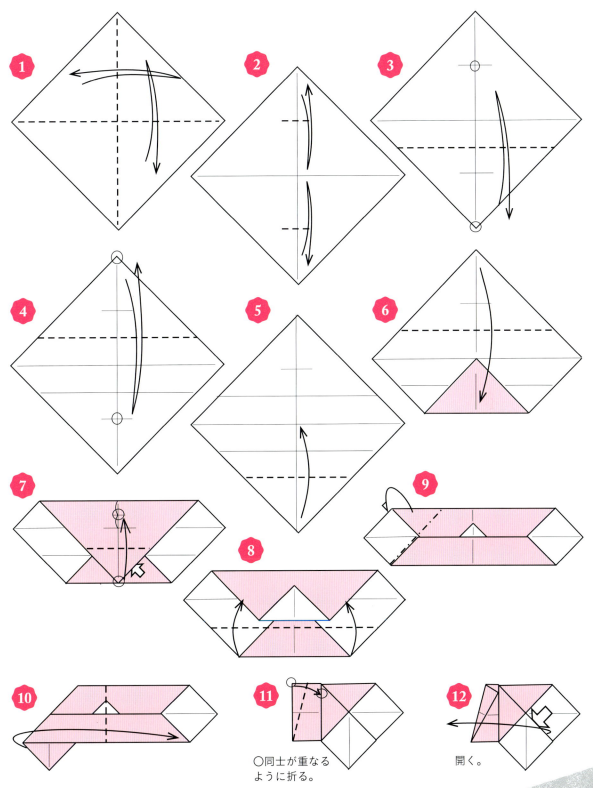

二月　椿

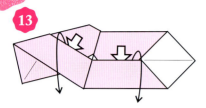

三角の部分（花の芯）を引き出す。

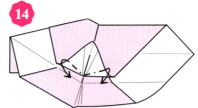

三角の上端部分のひだを広げてずらすように折りたたむ。

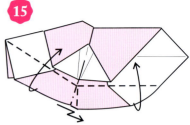

下中央で段折りしながら戻す。

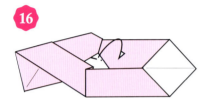

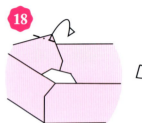

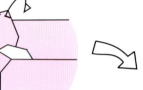

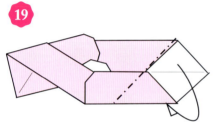

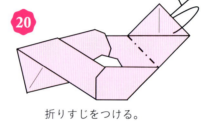

折りすじをつける。

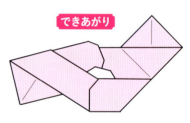

できあがり

パーツできあがり。
6個作る。

つなぎかた

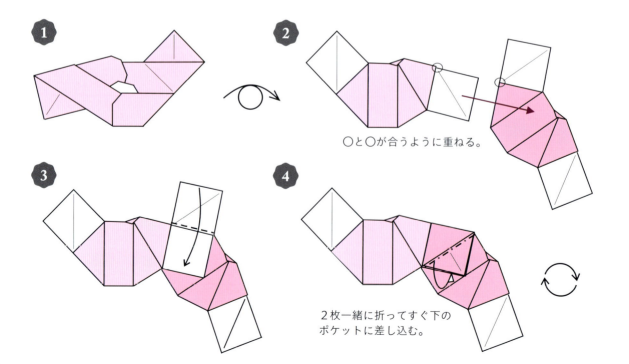

○と○が合うように重ねる。

2枚一緒に折ってすぐ下のポケットに差し込む。

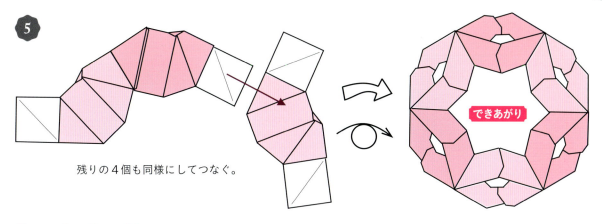

残りの4個も同様にしてつなぐ。

葉っぱつきの椿

この図では、花を白、葉を色つきの用紙にしています。

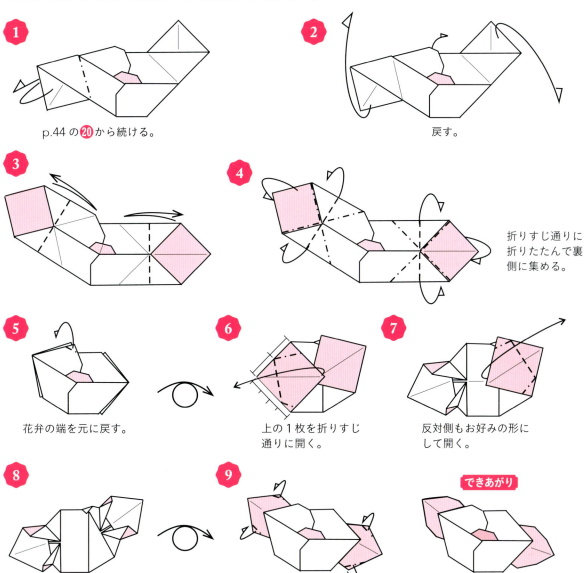

雛ロンド　Hina ring　写真 >> p.8

3組のお雛さまのロンドというところでしょうか。それぞれのカップルの着物の柄を変えて楽しんで下さい。

▶正方形用紙6枚使用。15×15cmの用紙で直径21cmのリースができます。

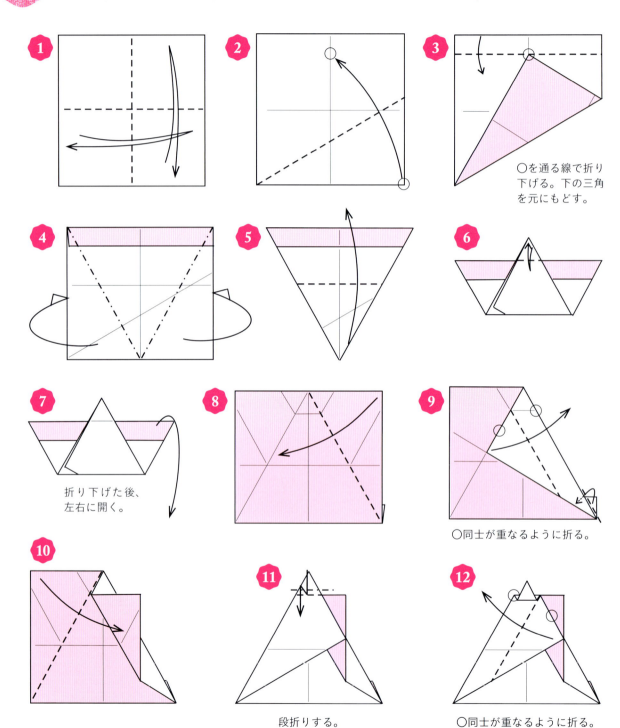

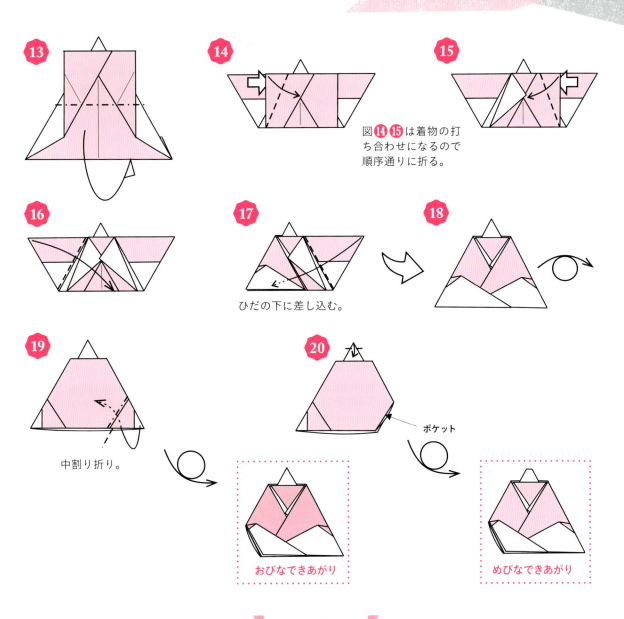

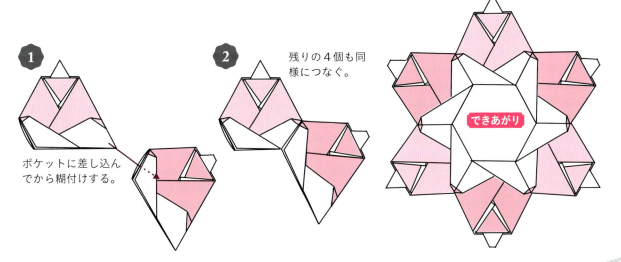

雛飾り Playing with hinadolls 写真 >> p.8

一月の「松」のリースのつなぎ方と同じです。パーツの表面をいくつかに変えることに苦労しましたが、雛飾りに仕上げることができました。

▶正方形用紙 8枚使用。15×15cmの用紙で直径 24cmのリースができます。

桜、橘

桜はピンク、橘は緑や金色などの紙で折るとよいでしょう。

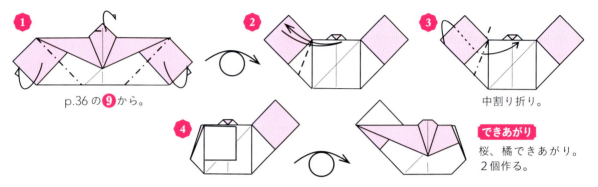

ぼんぼり

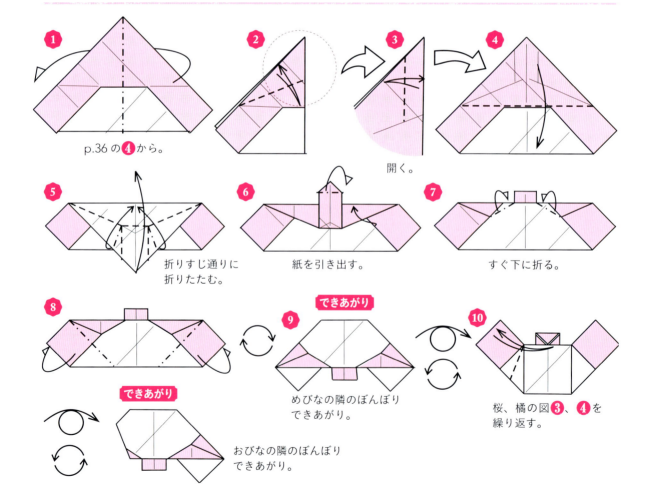

菱餅台、菱餅

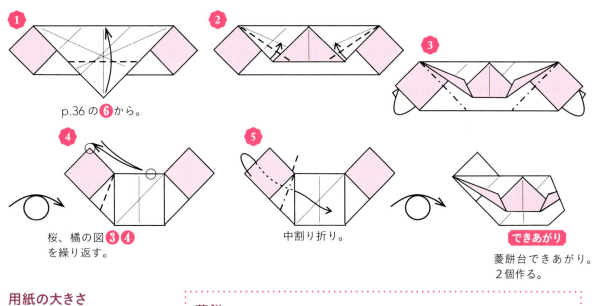

p.36 の ❻ から。

桜、橘の図 ❸ ❹ を繰り返す。

中割り折り。

菱餅台できあがり。
2個作る。

用紙の大きさ

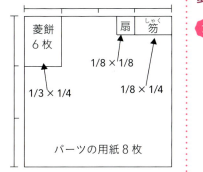

菱餅

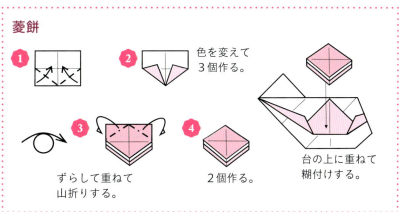

ずらして重ねて山折りする。

2個作る。

台の上に重ねて糊付けする。

色を変えて3個作る。

おびな、めびな

おびな

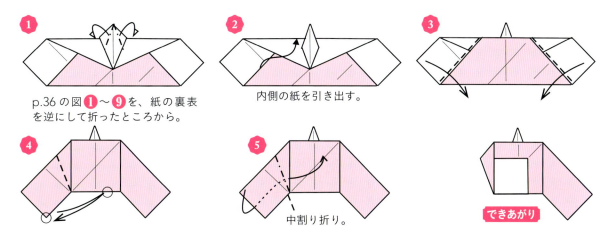

p.36 の図 ❶〜❾ を、紙の裏表を逆にして折ったところから。

内側の紙を引き出す。

中割り折り。

三月　雛飾り

めびな

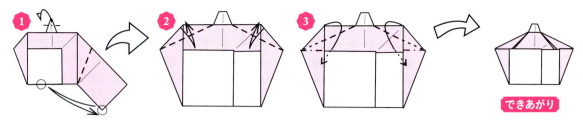

おびなのできあがりから。反対側も中割り折りして袖を重ねる。

つなぎかた

おびな、めびな、ぼんぼり以外は裏を見てつなぎます。

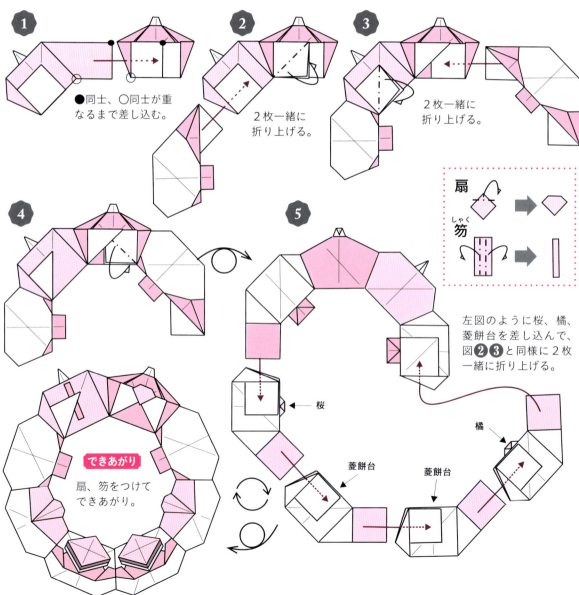

桜の花びら　Cherry blossoms　写真 >> p.9

桜の花びらをつないでリースにしました。パーツの型紙を作って写し取っていくことで、手間を省き、余計な折りすじをつけないで仕上げることができます。
▶ 15cm×7.5cmの用紙使用。6枚つなぎは直径15cm、5枚つなぎは直径14cmのリースができます。

6枚つなぎ

6枚つなぎの型紙の作り方

1：2の用紙を使います。この型紙を使って6枚つなぎのパーツを作ります。

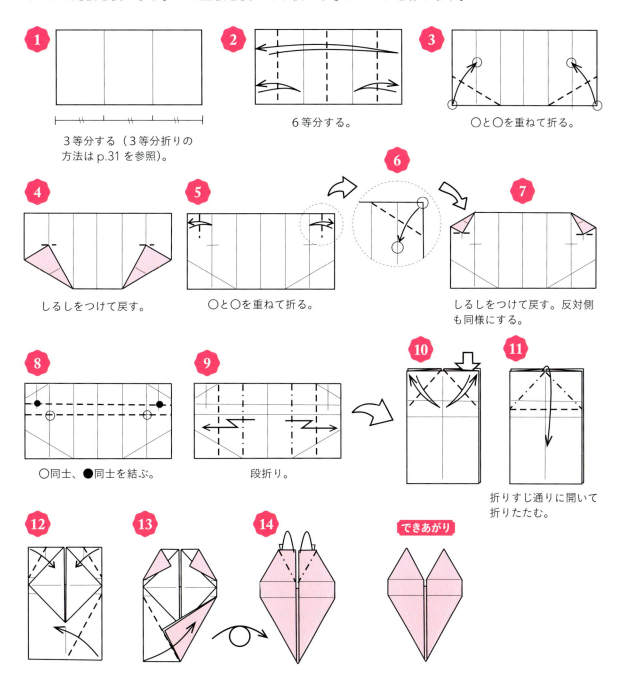

51

三月 桜の花びら

6枚つなぎのパーツの作り方

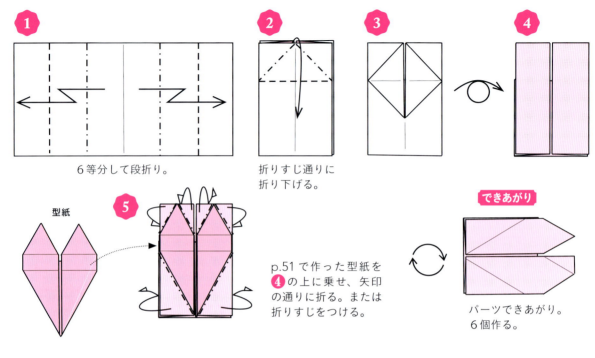

6枚のパーツのつなぎかた

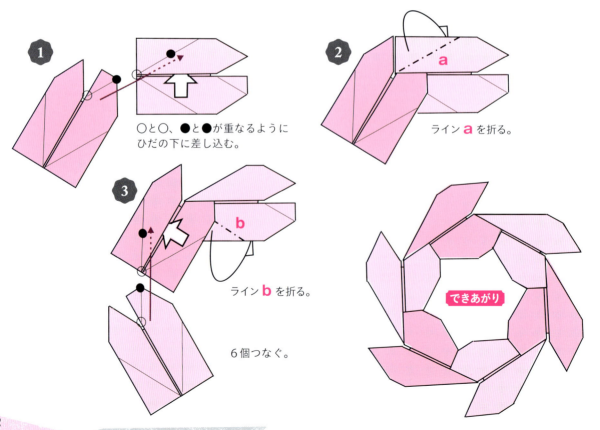

5枚つなぎ

5枚つなぎの型紙とパーツの作り方

1：2の用紙を使って型紙を作り、それを使って5枚つなぎのパーツを作ります。

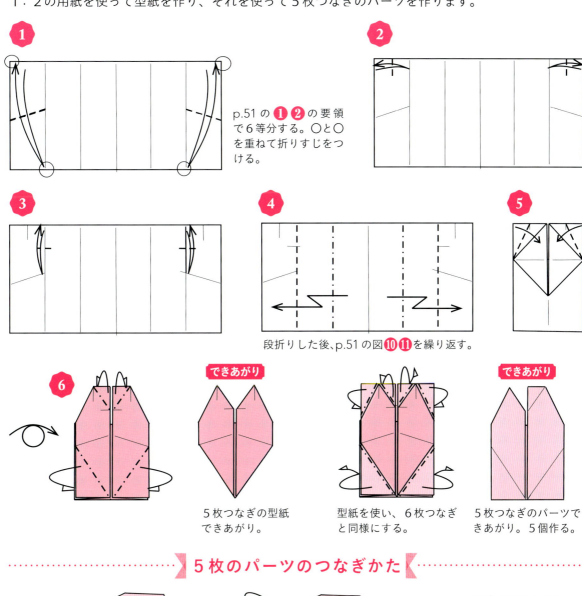

5枚のパーツのつなぎかた

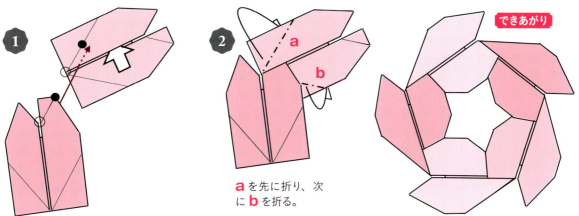

花飾りのリース Decorated flowers 写真 >> p.10

季節を問わず使えるリースです。葉っぱと花は同じ大きさの用紙で作ります。たくさんの小花が、立体的に連なる作品となりました。パーツで使うことができますし、8個でリースに、またいろいろなつなぎもできるので応用範囲が広いです。

▶正方形用紙を、花と葉に8枚ずつ使用。15×15cmの用紙で直径32cmのリースができます。

April 四月

花

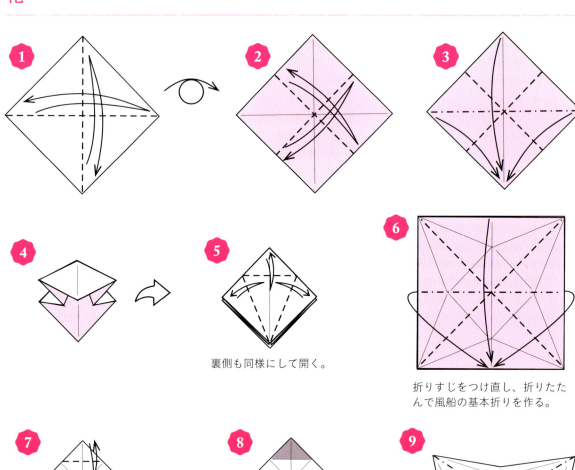

開く。

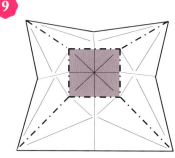
四角いテーブルの上にかけるように山折りの折りすじをつける。

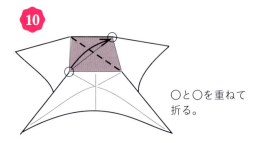
○と○を重ねて折る。

54

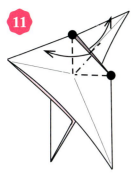
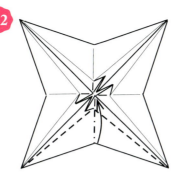
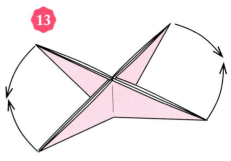

11 開いて●を●に重ねる。裏側も同様にする。

12 中心に向かって折り上げる。他の3か所も同様にする。

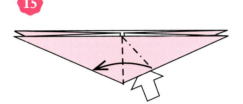
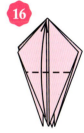

15 開いて折りたたむ。他の3か所も同様にする。

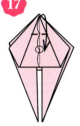

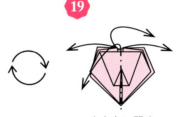

17 1/3折り下げる。

18 ノートをめくるように開き変えて他の3か所も 16 17 を繰り返す。

19 4方向に開く。

できあがり
パーツできあがり。8個作る。

葉

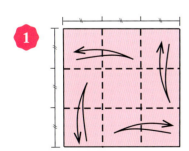
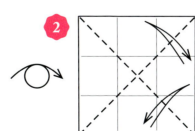
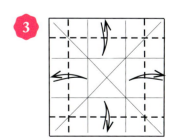

1 縦横をそれぞれ3等分する（3等分折りの方法はp.31を参照）。

55

四月 花飾りのリース

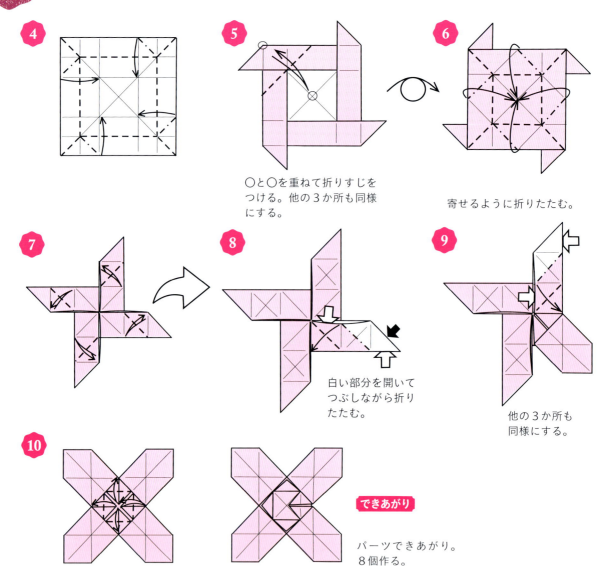

○と○を重ねて折りすじをつける。他の3か所も同様にする。

寄せるように折りたたむ。

白い部分を開いてつぶしながら折りたたむ。

他の3か所も同様にする。

できあがり

パーツできあがり。8個作る。

葉っぱのつなぎかた

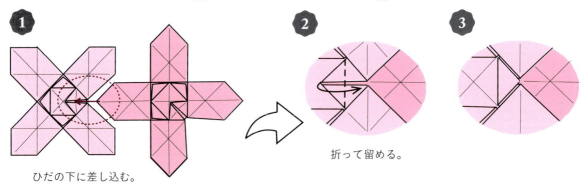

ひだの下に差し込む。

折って留める。

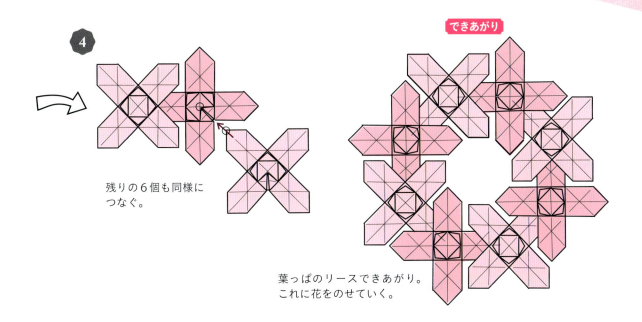

残りの6個も同様につなぐ。

できあがり

葉っぱのリースできあがり。これに花をのせていく。

花と葉のつなぎかた

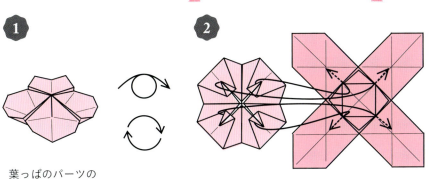

❶ 葉っぱのパーツの中央に、それぞれ花のパーツをのせていく。

❷ 葉の下に差し込む。

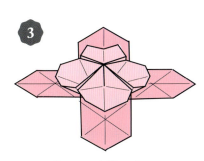

❸ 花のついた葉のパーツできあがり。

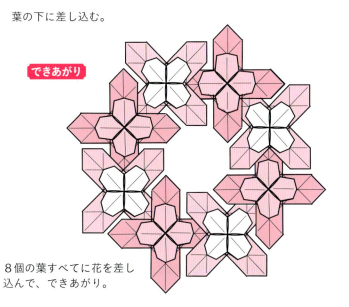

できあがり

8個の葉すべてに花を差し込んで、できあがり。

57

千代結びチューリップ Tulips by the Chiyo knot

写真 >> p.11

箸袋で何気なく作る千代結び。これを応用し、細長い用紙に目安をきちんとつけて折ったパーツをつなげると、チューリップのリースになります。

▶正方形用紙を縦に4等分したものを 10枚使用。15×3.75cmの用紙で直径 16cmのリースができます。

四月

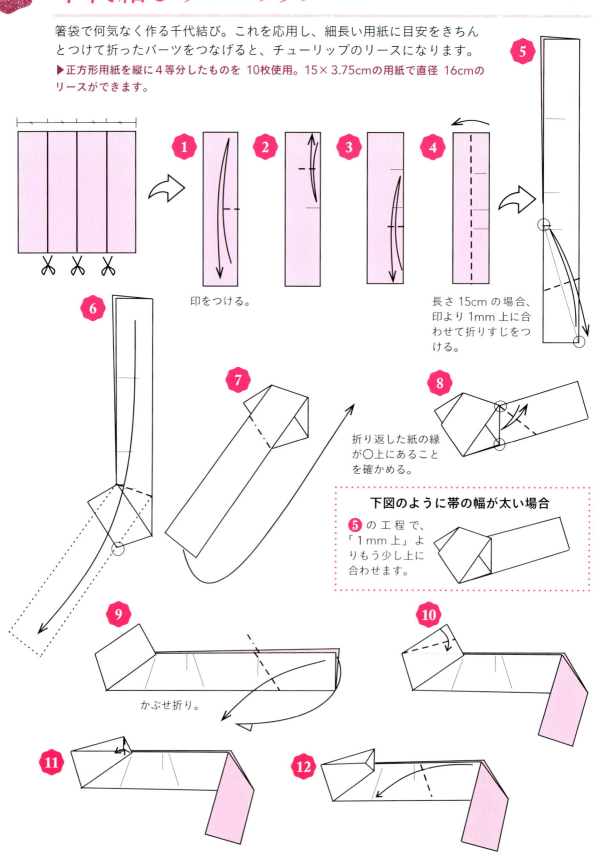

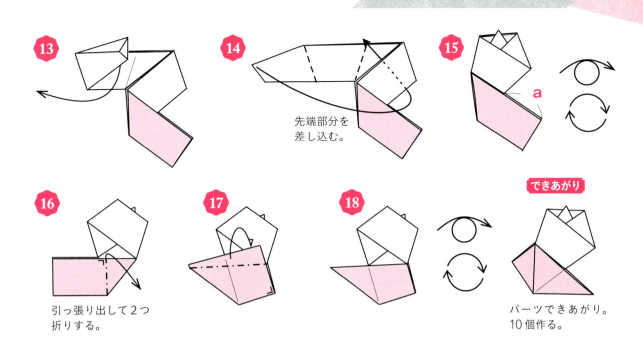

⑮の **a** が短くなった場合は、下図のように折ってください。つなぎかたは同じです。

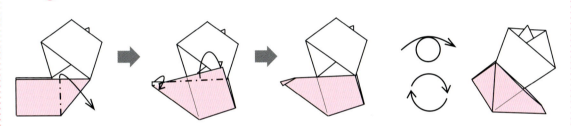

》つなぎかた《

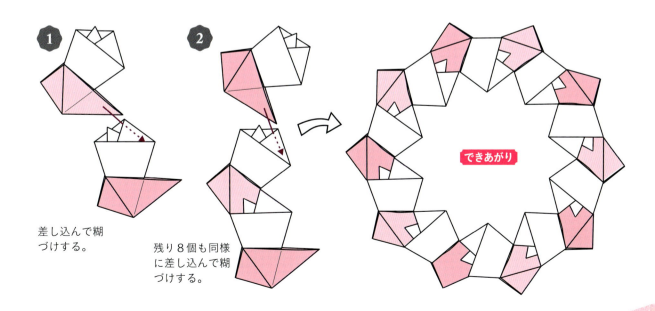

May 五月

かぶと Japanese helmets 写真 >> p.12

伝承のかぶとを長方形用紙を使ってリースにしてみました。2種類ご紹介します。どちらもしっかりつながります。

▶正方形用紙 8枚使用。15×15cmの用紙で直径 21cmのリースができます。

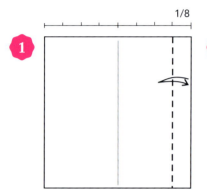

正方形の1辺を1/8折り、長方形にしてスタートする。

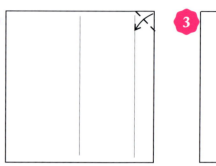

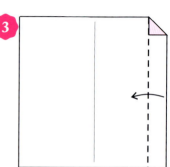

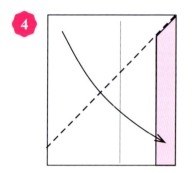

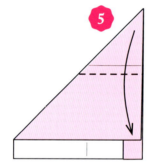

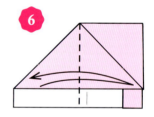

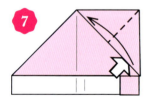

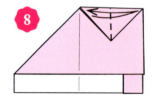

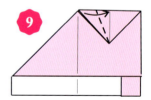

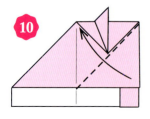

上の1枚だけ折り上げる。

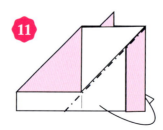

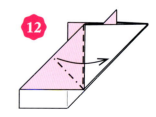

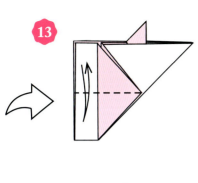
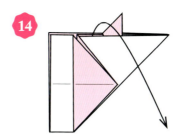

⑩で折り上げた三角を引き出す。

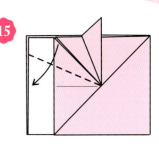
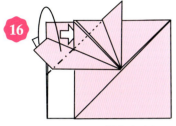

かぶとの頭部分を残して裏へ折る。

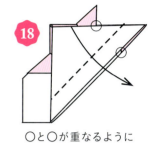

○と○が重なるように折り返す。

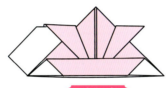

できあがり

パーツできあがり。8個作る。

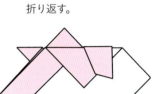

裏

かぶとの内側に納める。

つなぎかた

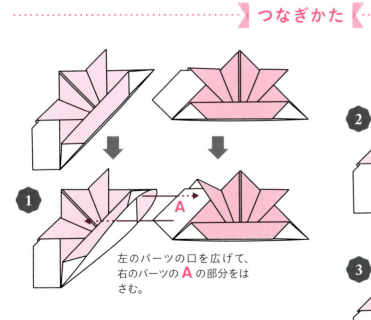

1. 左のパーツの口を広げて、右のパーツの **A** の部分をはさむ。

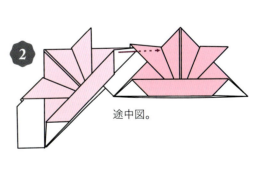

2. 途中図。

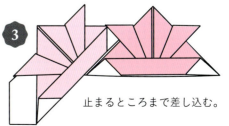

3. 止まるところまで差し込む。

61

五月 かぶと

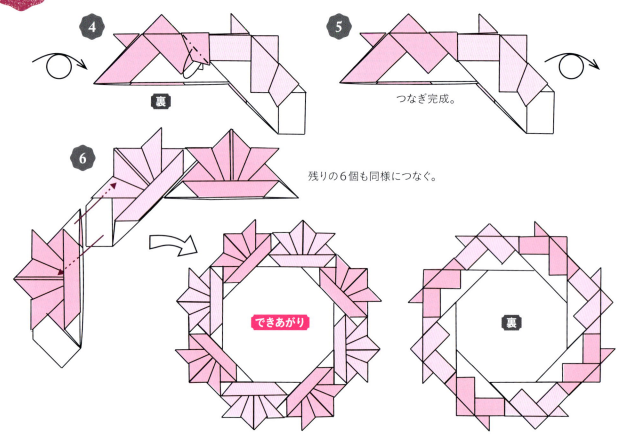

バリエーション

p.12下の作品です。用紙の幅を狭くして1：2の紙で作ると輪飾りは小さくなりますが、内側が埋まってきます。紙の幅を変えて出来上がりの変化をお楽しみ下さい。

▶1：2の長方形用紙8枚使用。15×7.5cmの用紙で直径12cmのリースができます。

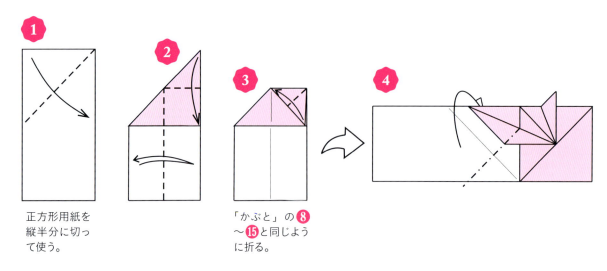

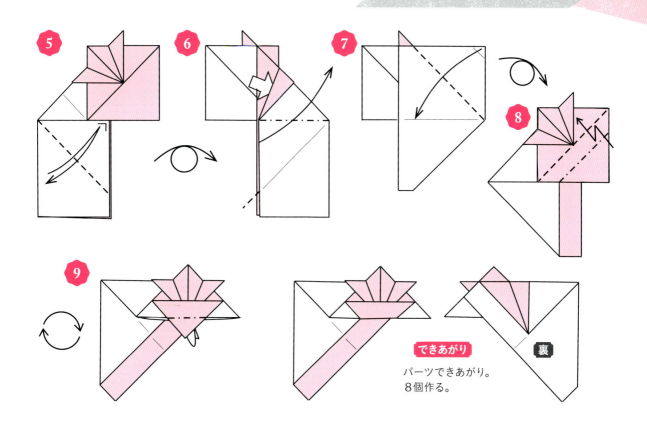

できあがり
パーツできあがり。
8個作る。

つなぎかた

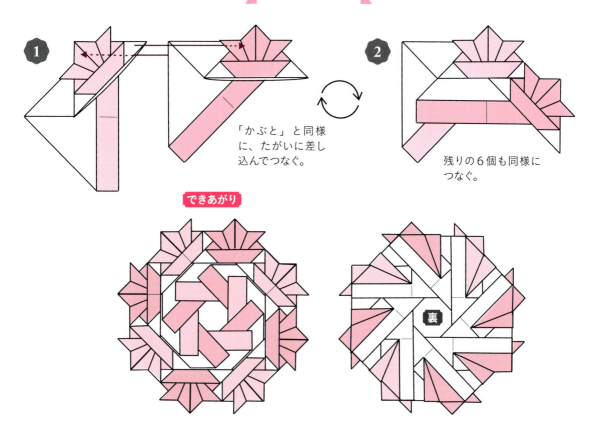

「かぶと」と同様に、たがいに差し込んでつなぐ。

残りの6個も同様につなぐ。

できあがり

五月 藤 Wisterias 写真 >> p.13

伝承の「鶴」の基本の折り方に手を加えて作ることができます。花びらを折るとき紙をひっくり返すのが少しめんどうですが、がんばってみてください。p.13では表が緑、裏がピンクの紙を使っていますが、表が緑、裏が白の紙を使うと、白い花が咲きます。

▶正方形用紙 16枚使用。7.5×7.5cmの用紙で直径 24cmのリースができます。

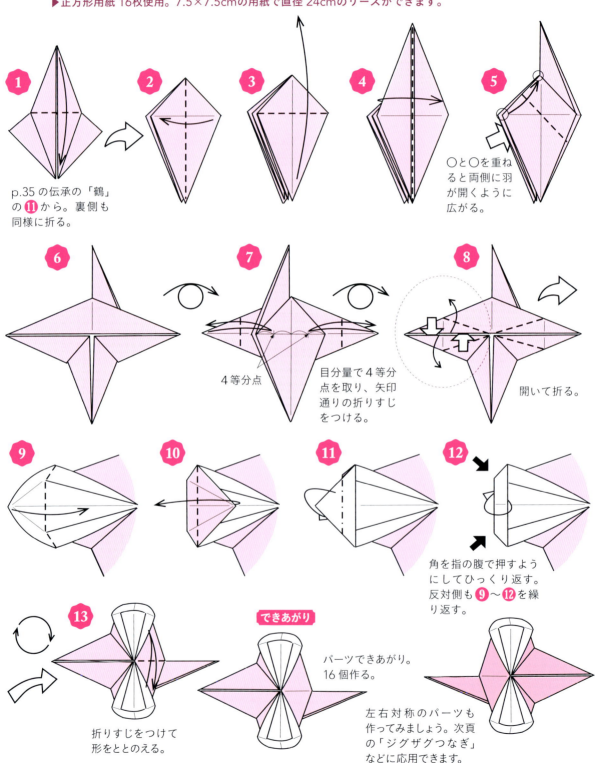

つなぎかた

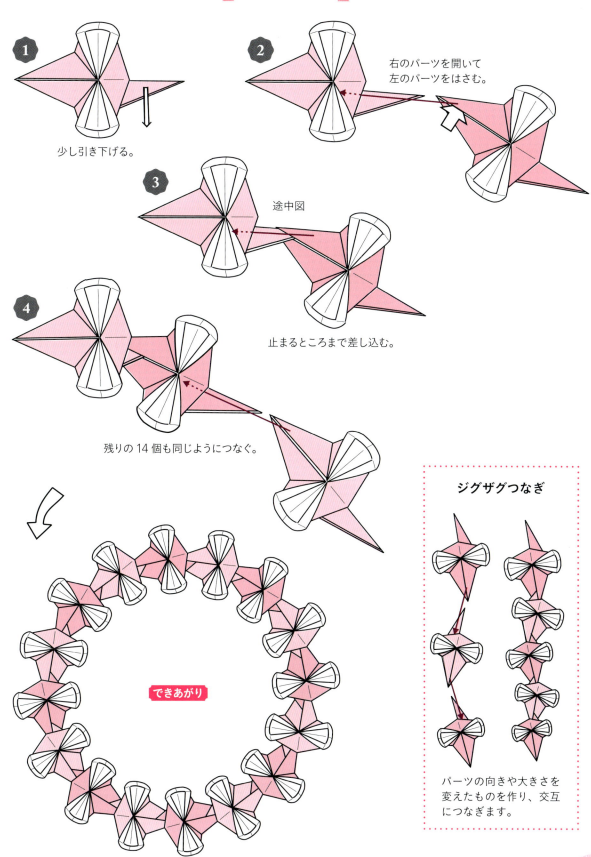

バラ1 Roses 1

写真 >> p.14

6個つなぎの作品です。両面カラー折り紙を使うと、色とりどりの花を咲かせることが
ができます。パーツも「三角ローズ」として使うことができます。

▶正方形用紙 6枚使用。7.5×7.5cmの用紙で直径 15cmのリースができます。

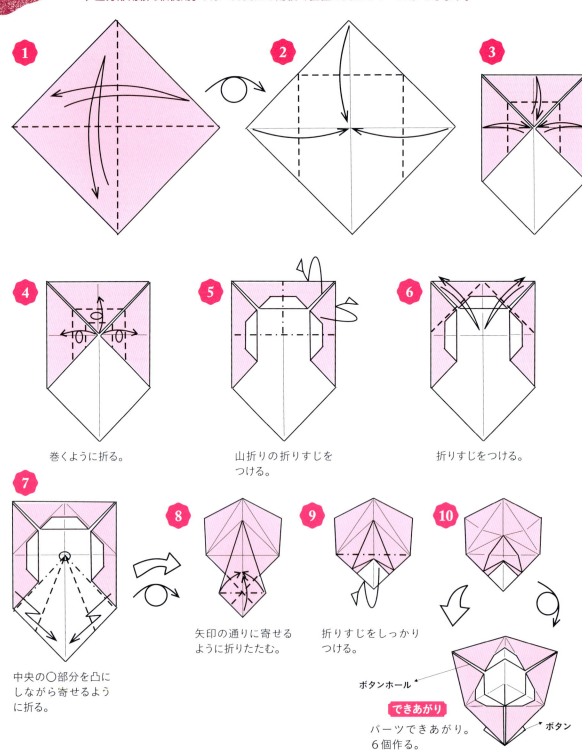

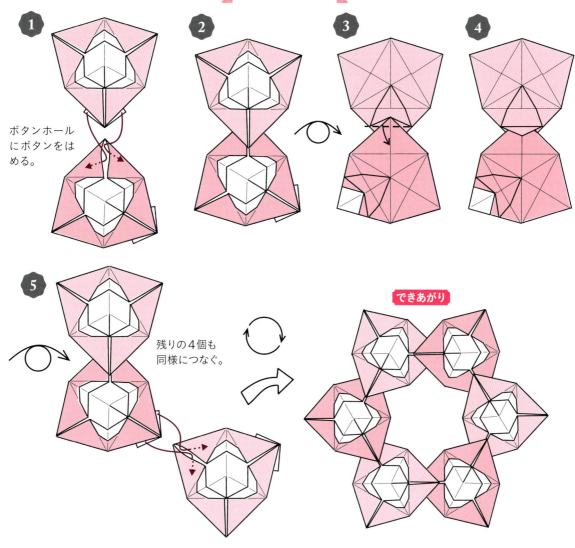

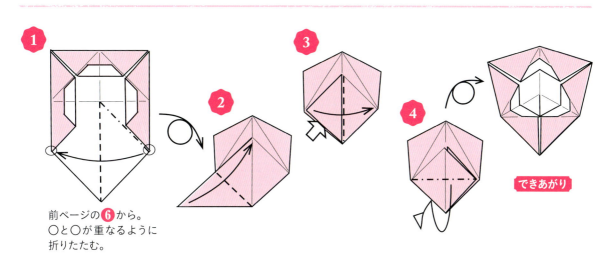

三角ローズ

バラ2（6個つなぎ） Roses 2

写真 >> p.14

「バラ1」と同様に6個つなぎの作品です。一見似ていますが、花が少し豪華になった感じです。図の⓫までがそのための準備折りといってよいでしょう。
この作品は12個つなぎや、いろいろな模様折りに発展させることができます。

▶正方形用紙 6枚使用。15×15cmの用紙で直径21cmのリースができます。

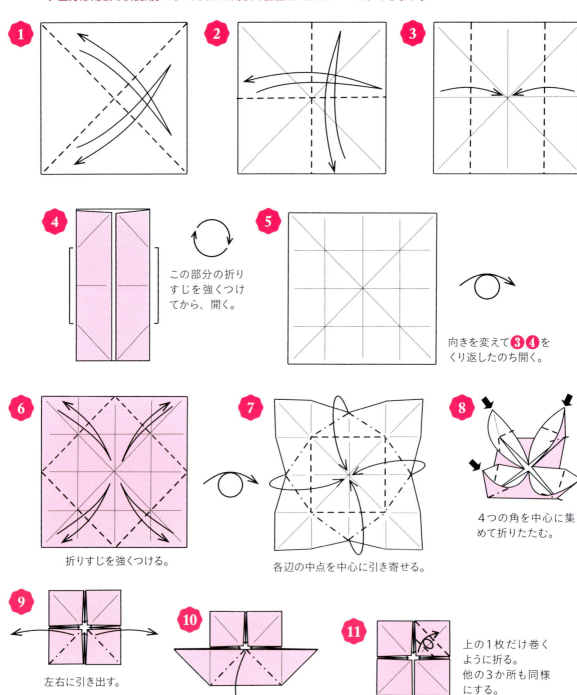

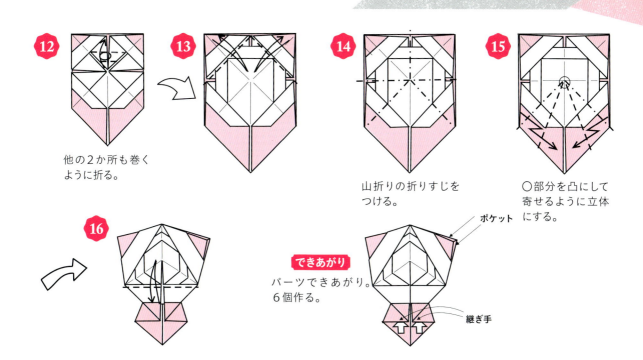

つなぎかた

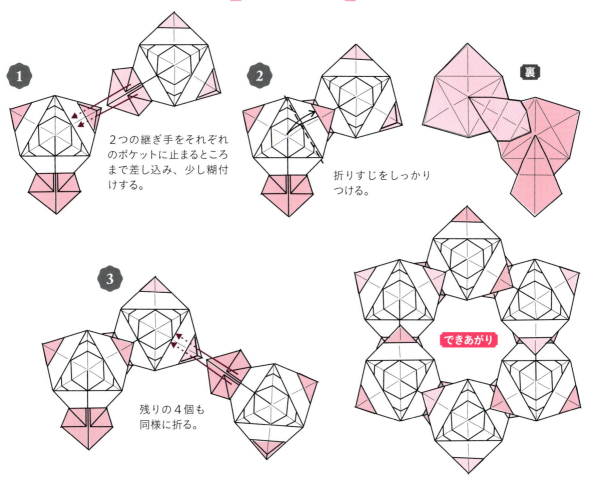

バラ2（12個つなぎ） Roses 2

写真 >> p.14

6個つなぎのパーツの継ぎ手を変えると、12個つなぎになります。
▶正方形用紙 12枚使用。15×15cmの用紙で直径 30cmのリースができます。

1

2

3

4

5

p.68 の ❿ から。

6

折りすじをつける。

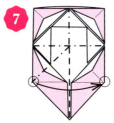
7

折りすじをつけ直して三角ローズを作る。

8 できあがり

パーツAできあがり。
1個作る。

9

❼に戻してから、上だけ折り下げる。

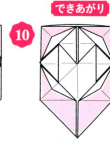
10 できあがり

パーツBできあがり。
11個作る。

つなぎかた

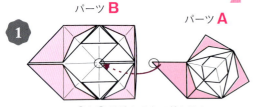
1

パーツB　パーツA

○と○が重なるまで差し込む。

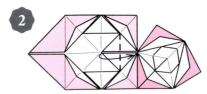
2

折り返して、つなぎの完成。

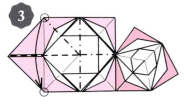
3

中央を凸にして○と○が重なるように折る。

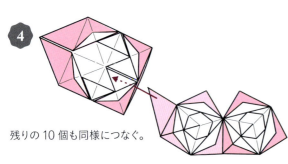
4

残りの10個も同様につなぐ。

できあがり

賑わいぞろいのリース　Wreath with the Froebel patterns　写真 >> p.15

「バラ2」の6個つなぎと12個つなぎは、いずれも右の図からスタートしています。この折りからは、バラ以外にいくつかの模様を作ることができ、賑やかなリースになります。いろいろな模様を作ってみてください。

▶正方形用紙 12枚使用。15×15cmの用紙で直径 30cmのリースができます。

以下はいろいろな模様のパーツの一例です。つなぎかたは「バラ2」と同じです。

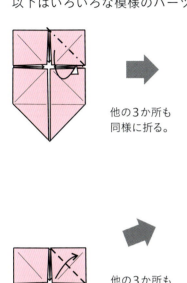 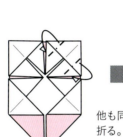
他の3か所も同様に折る。

他の2か所も同様に折る。

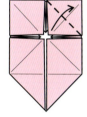

他の3か所も同様に折る。

他も同様に折る。

他の2か所も同様に折る。

他の3か所も同様に折る。
他も同様に折る。
他の2か所も同様に折る。

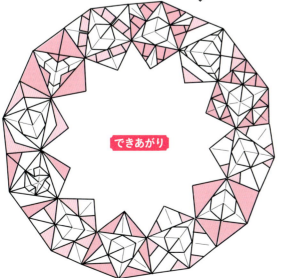
できあがり

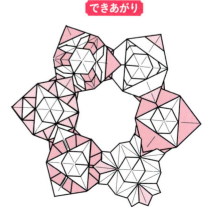
できあがり

あじさい Hydrangeas 写真 >> p.16

七月 July

優しい色に癒やされる夏に欠かせない花です。パーツは、p.32の「祈りと喜び」のようにボタンとボタンホールがついているタイプのものです。

▶正方形用紙 8枚使用。15×15cmの用紙で直径 27cmのリースができます。

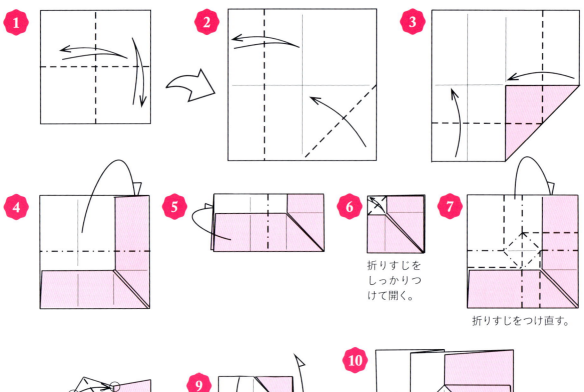

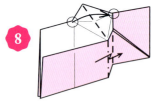

〇と〇が重なるように中央の四角をくぼませながら段折りして寄せる。

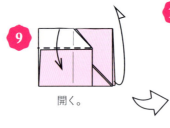

開く。

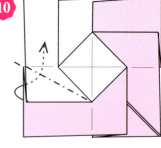

中割り折り。

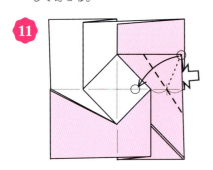

〇と〇を重ねて内側を広げてつぶす。

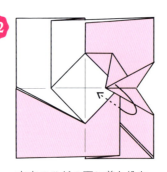

中央のひだの下に差し込む。

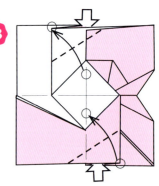

他の2か所も同様にしてひだの下に納める。

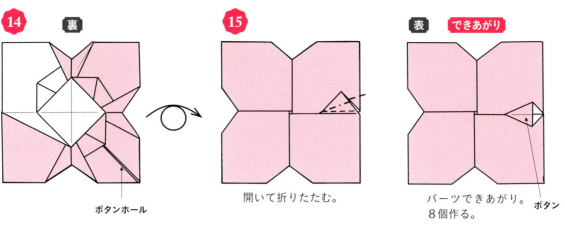

つなぎかた

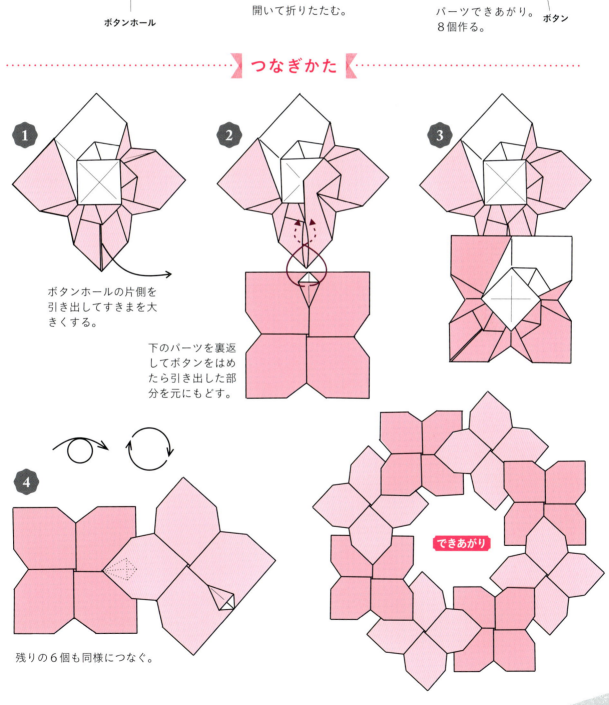

流れ星 Shooting stars　写真 >> p.17

流れ星が集まって八角の大きな星ができている感じの作品です。
願いごとを書いた短冊を中央につるして、七夕飾りにどうぞ。
▶正方形用紙 8枚使用。15×15cmの用紙で直径 28cmのリースができます。

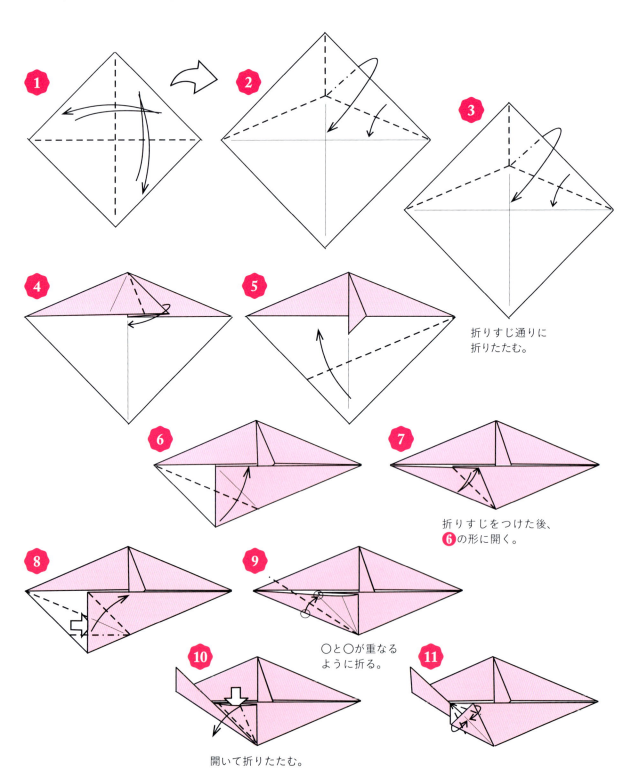

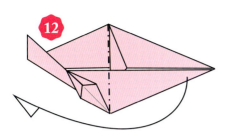

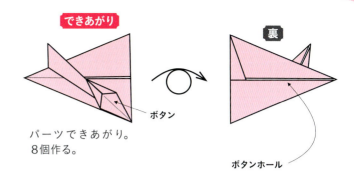

パーツできあがり。
8個作る。

つなぎかた

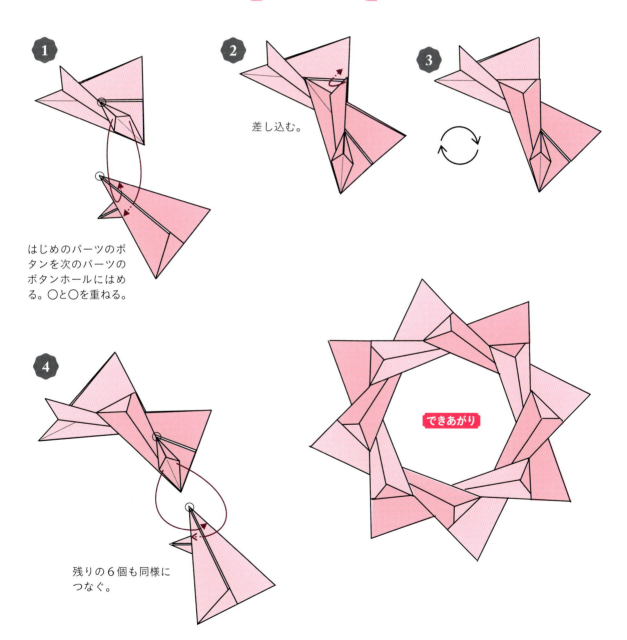

はじめのパーツのボタンを次のパーツのボタンホールにはめる。○と○を重ねる。

差し込む。

残りの6個も同様につなぐ。

金魚 Goldfishes　写真 >> p.18

伝承の「かぶと」から、伝承の「金魚」ができます。これをリースにしてみました。尾びれの折り出し方で、つなぐ個数が変わります。ここでは「6個つなぎ」と「一列つなぎ」をご覧ください。

▶正方形用紙 6枚使用。15×15cmの用紙で直径 23cmのリースができます。

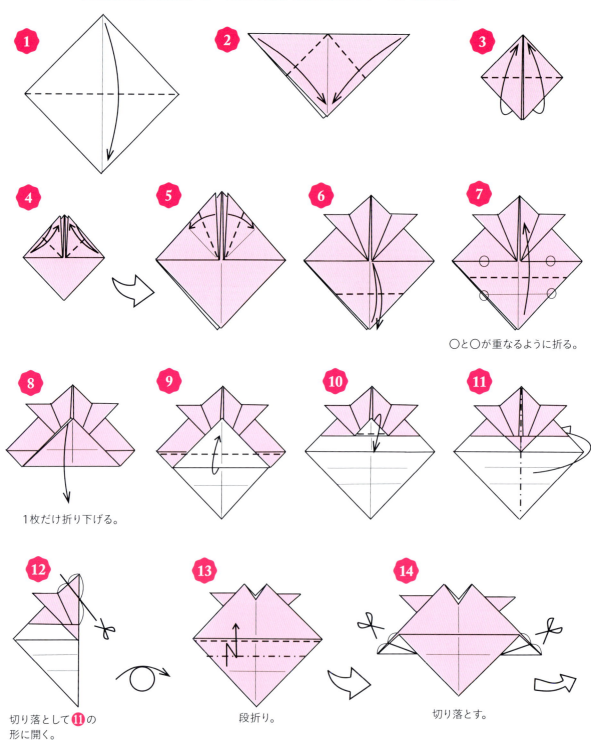

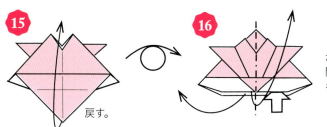
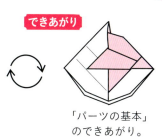

6個つなぎ

「パーツの基本」から「6個つなぎ」のパーツを作ります。

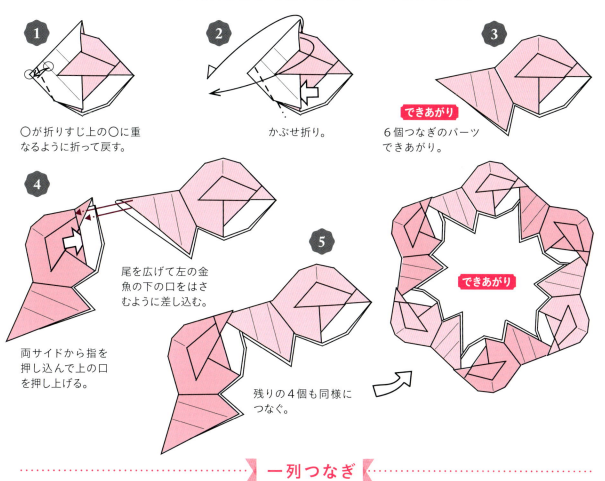

一列つなぎ

「パーツの基本」から「一列つなぎ」のパーツを作ります。順次小さく作ってつなぎましょう。

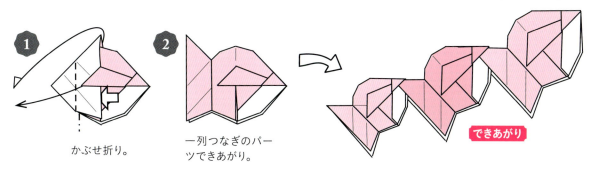

ヨット　Yachts　写真 >> p.18

折り紙の中で夏をイメージする作品のひとつがヨットです。これをリースにしてみました。裏側もすっきりしています。

▶ 1:2の長方形用紙8枚使用。15×7.5cmの用紙で直径22cmのリースができます。

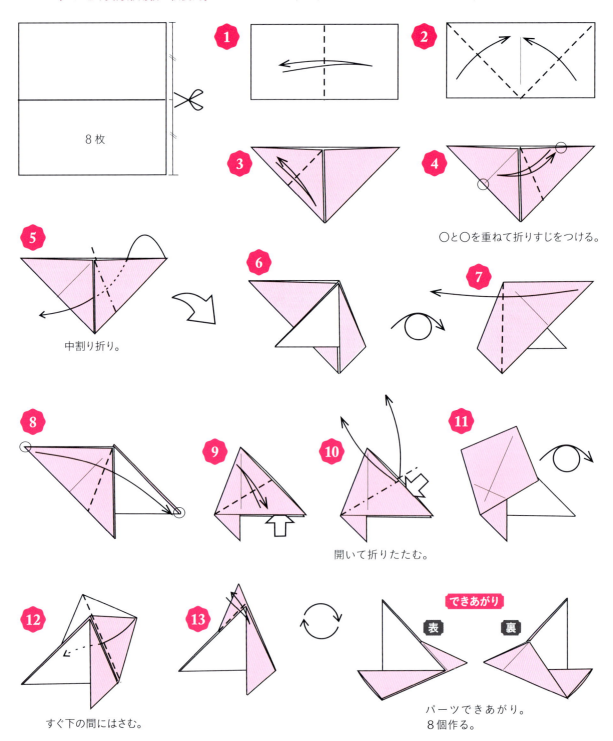

つなぎかた

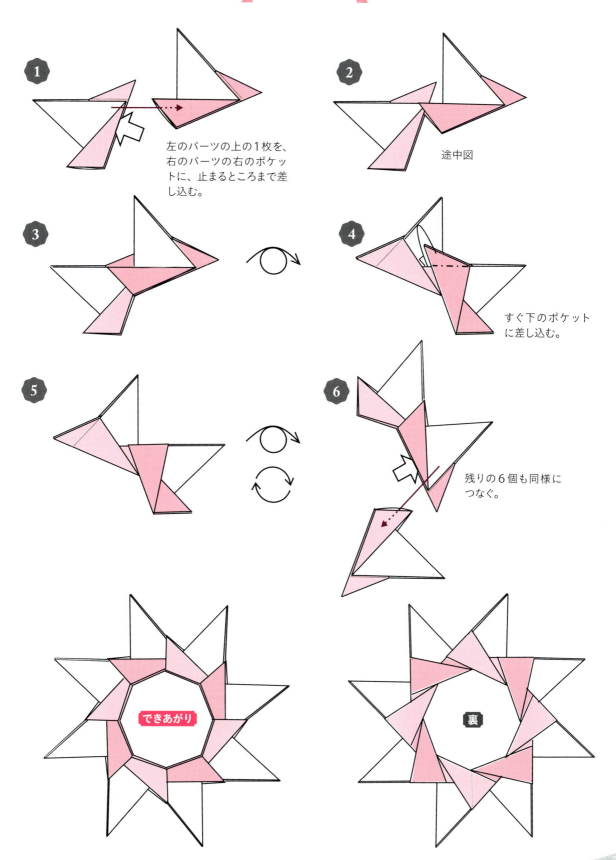

1. 左のパーツの上の1枚を、右のパーツの右のポケットに、止まるところまで差し込む。

2. 途中図

4. すぐ下のポケットに差し込む。

6. 残りの6個も同様につなぐ。

できあがり

裏

お月見 Moonlight party 写真 >> p.19

九月 September

月うさぎとお団子を、すすきのパーツでつないだ変形リースです。壁にかけてお月見をお楽しみ下さい。

▶右図のように正方形用紙8枚（月うさぎ用1枚、すすき用6枚、お団子の皿用1枚）と、長方形用紙（お団子用に皿の半分の長方形を図の通りに切る）使用。7.5×7.5cmの用紙ですすきのパーツを作ると、およそ幅17cm、高さ19cmのリースができます。

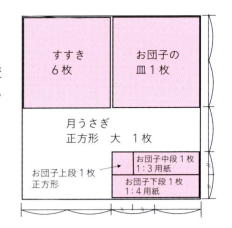

すすき

右側のパーツ

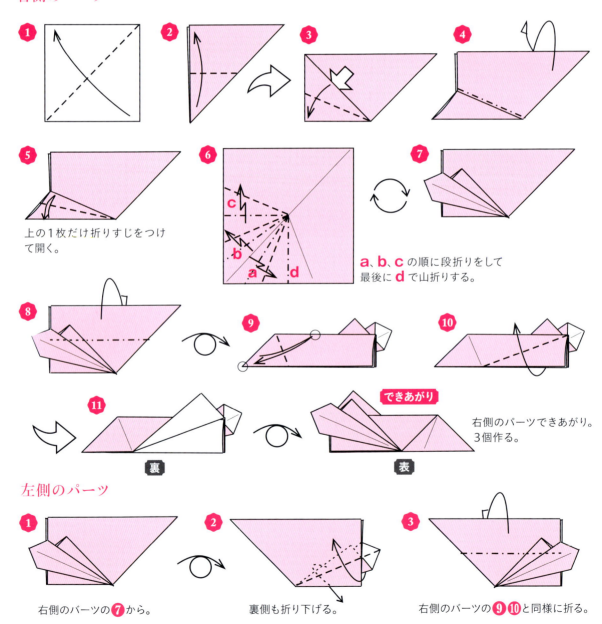

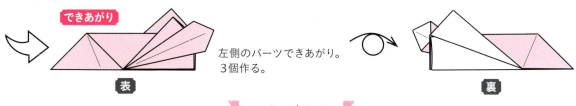

できあがり
表　左側のパーツできあがり。3個作る。　裏

つなぎかた

裏側からつなぎます。ここでは右側のパーツですすきの右半分を作るつなぎ方を説明します。左半分を作るときは、左側のパーツを使って同様につないでいきます。

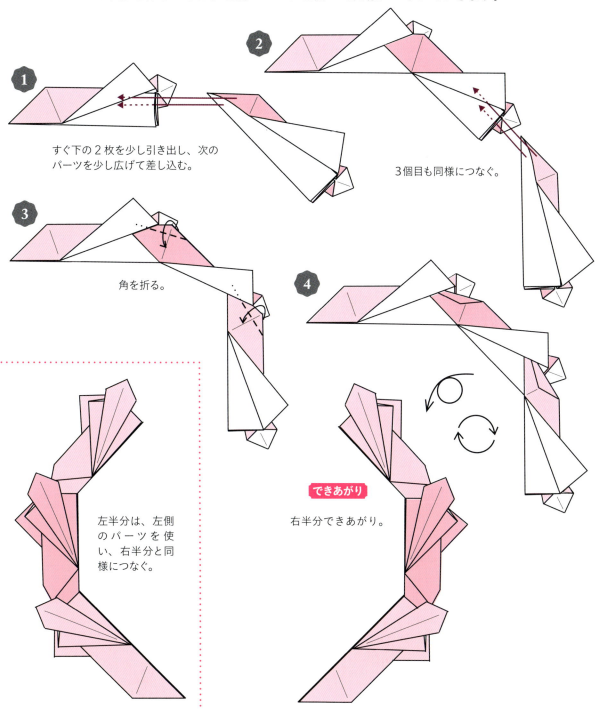

1 すぐ下の2枚を少し引き出し、次のパーツを少し広げて差し込む。

2 3個目も同様につなぐ。

3 角を折る。

4

できあがり
右半分できあがり。

左半分は、左側のパーツを使い、右半分と同様につなぐ。

81

九月 お月見

月見団子

器

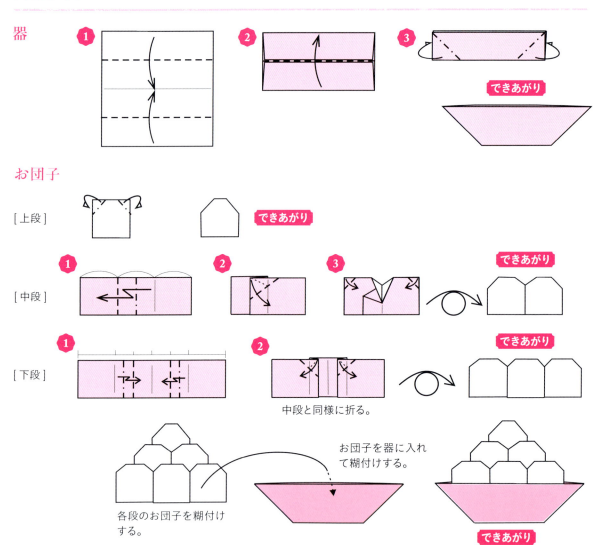

お団子

[上段]

[中段]

[下段]

中段と同様に折る。

各段のお団子を糊付けする。

お団子を器に入れて糊付けする。

月うさぎ

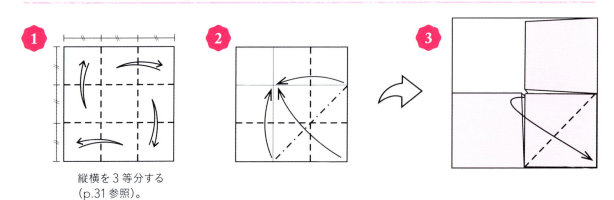

縦横を3等分する
(p.31参照)。

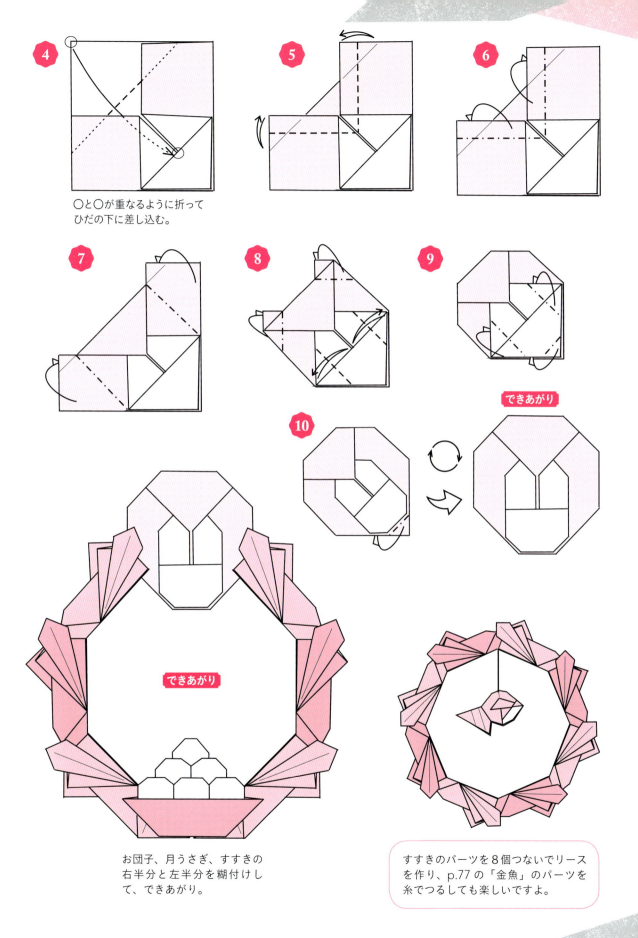

うさぎのロンド Rabbits 写真 >> p.20

「うーさぎうさぎ何見てはねる、十五夜お月様見てはーねる」のうさぎのロンドです。つなぐときは、ひとつずつクリップで留めながらつないでいくとよいでしょう。

▶正方形用紙 8枚使用。15×15cmの用紙で直径 21cmのリースができます。

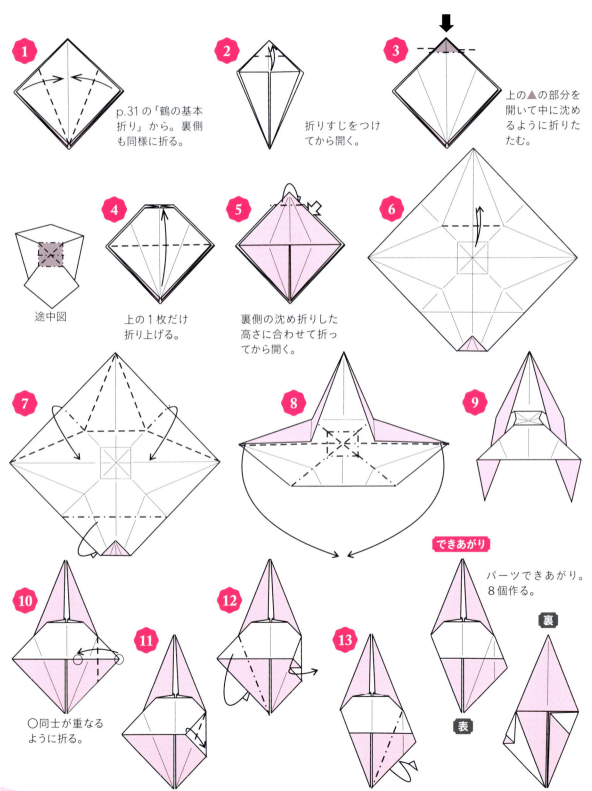

つなぎかた

p.32の「祈りと喜び」と同じようにつなぎます。右のパーツのつなぎ部分を、左のパーツの先端ではさむようにして差し込みます。下の途中図や裏側の状態を確認しながら、つないでください。

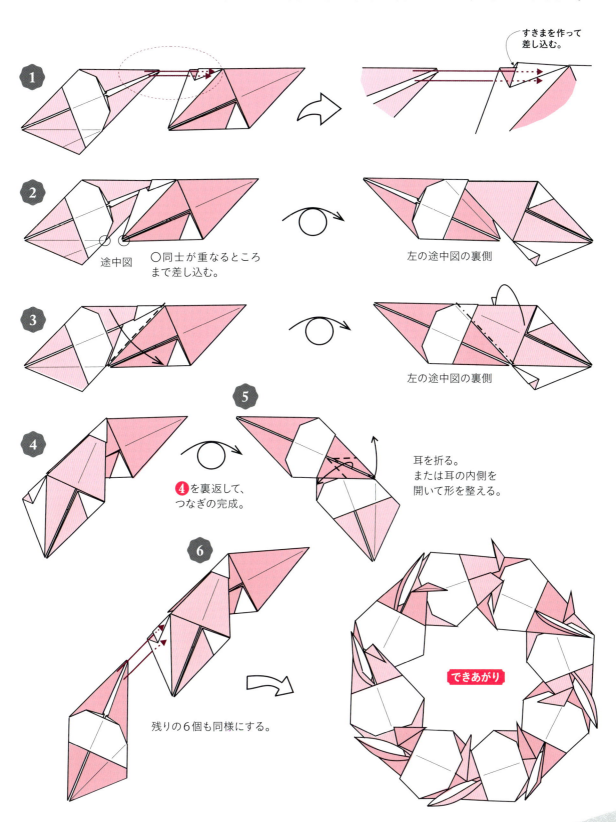

実りの秋 Harvest season of fall 写真 >> p.21

柿とりんごのリースです。柿のへたの部分の折りを少し変えると、りんごができます。どちらも同じつなぎかたなので、りんごと柿をミックスしたリースにしてみました。

▶正方形用紙 8枚使用。15×15cmの用紙で直径27cmのリースができます。

柿

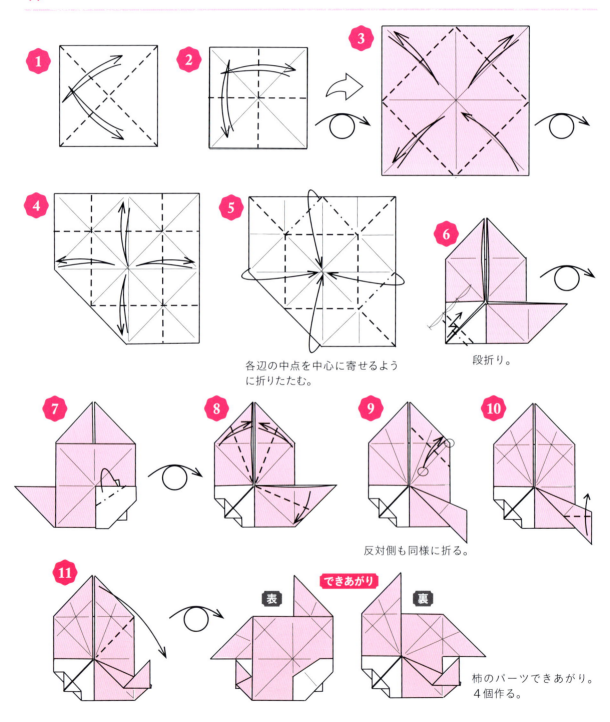

りんご

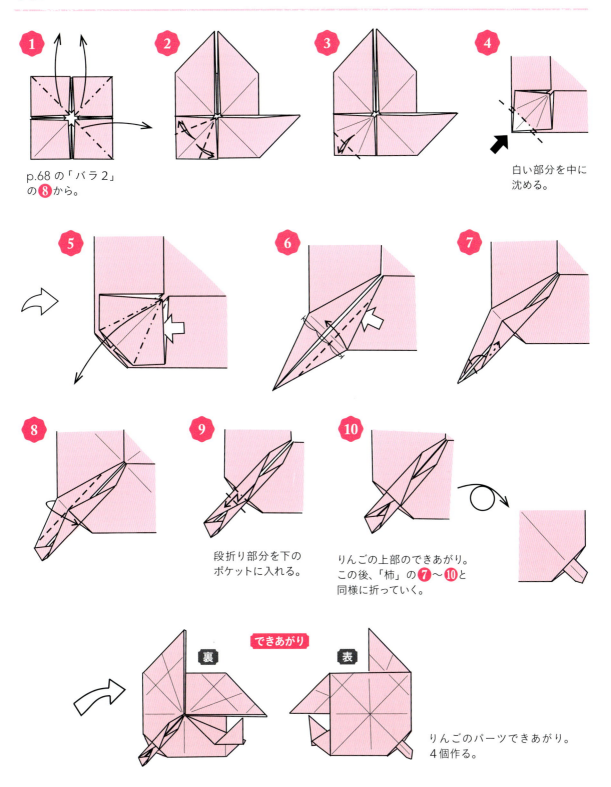

十月 実りの秋

つなぎかた

りんごと柿を合わせて8個のパーツを作り、裏を見てつなぎます。

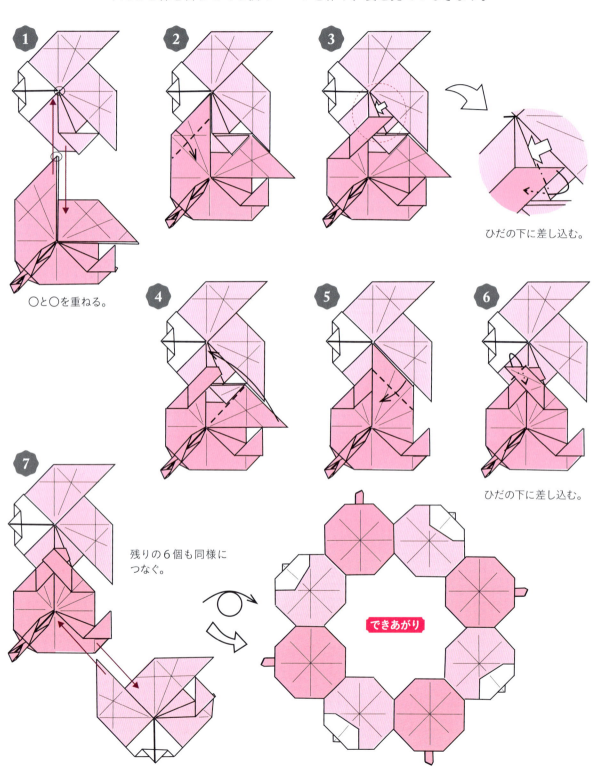

きのこ　Mushrooms　写真 >> p.21

実りの秋の味覚として欠かせないものの一つが松茸。
小さめの用紙で作るとかわいいですが、まずは大きな用紙で、きのこの軸の折り方を
試してみましょう。

▶正方形用紙 5枚使用。7.5×7.5cmの用紙で直径 11cmのリースができます。

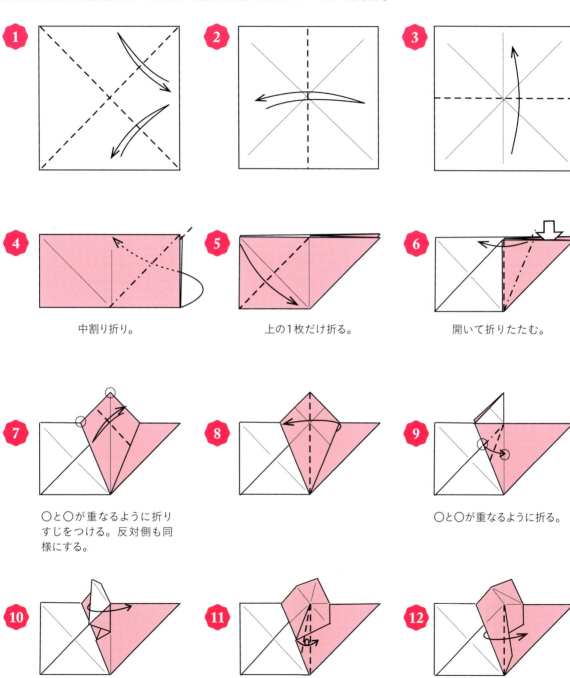

十月 きのこ

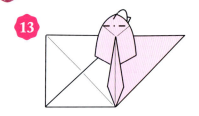
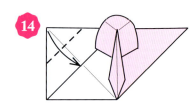
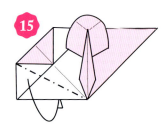

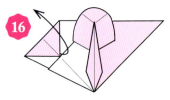
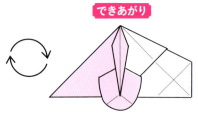

パーツできあがり。
5個作る。

つなぎかた

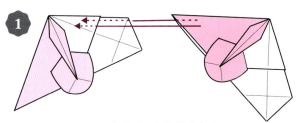
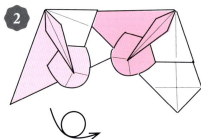

左のパーツの手を右の
ポケットではさむように
差し込む。

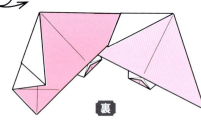
裏

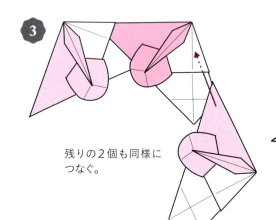

残りの2個も同様に
つなぐ。

できあがり

90

落ち葉　Fallen leaves　写真 >> p.22

葉っぱに葉脈をつけたので少し立体的なリースとなりました。落ち葉の色はとても変化に富んでいます。色使いをお楽しみ下さい。

▶正方形用紙 8枚使用。7.5×7.5cmの用紙で直径 20cmのリースができます。

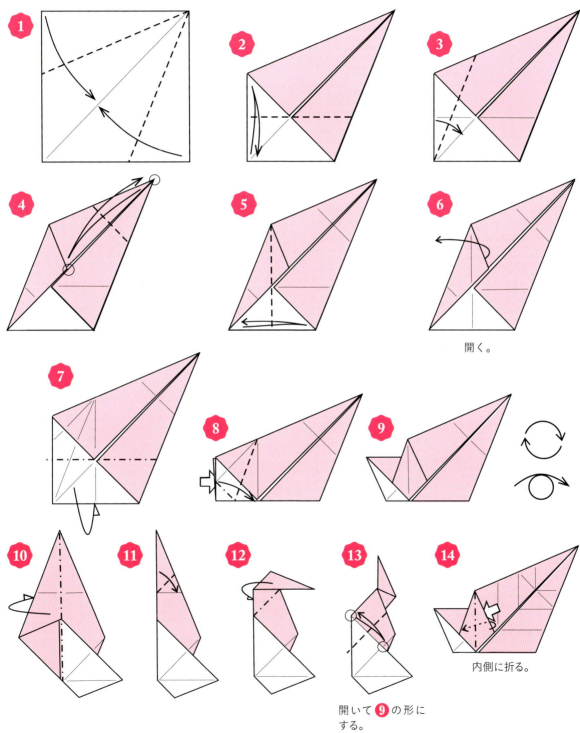

開く。

開いて ❾ の形にする。

内側に折る。

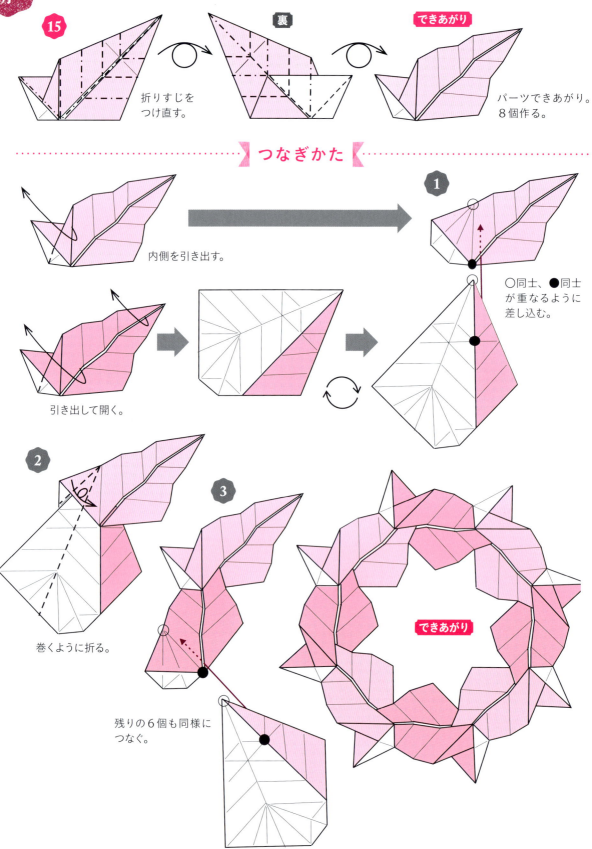

もみじ　Maple leaves　写真 >> p.23

五月の「藤」と同じ考え方で作ります。細いリースになるので、縁飾りとして使うだけでなく、ジグザグ状の直線つなぎにもできます。

▶正方形用紙 16枚使用。7.5×7.5cmの用紙で直径 26cmのリースができます。

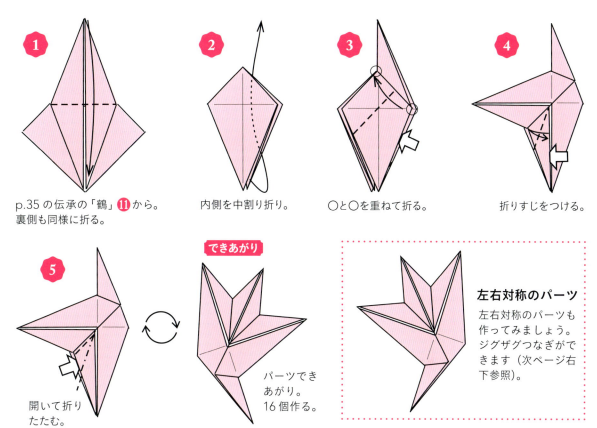

つなぎかた

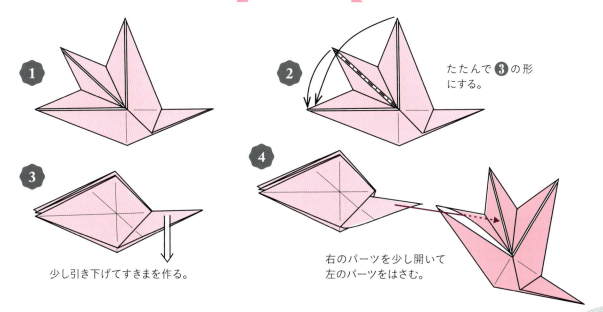

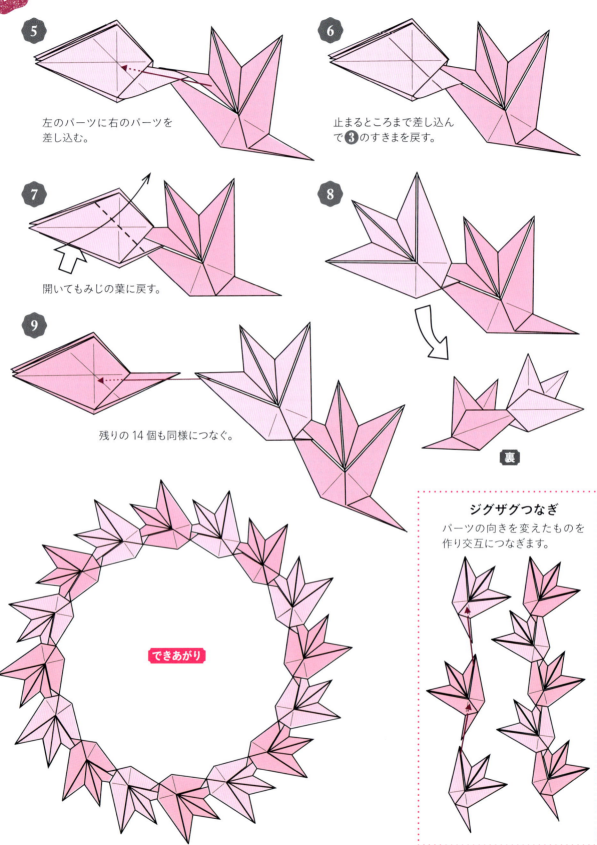

クリスマスリース1 Christmas wreath 1   写真 >> p.24

両面カラー折り紙を使うと豪華なリースになります。
ツリーのオーナメントとしてもお楽しみいただけます。
▶正方形用紙 8枚使用。15×15cmの用紙で直径26cmのリースができます。

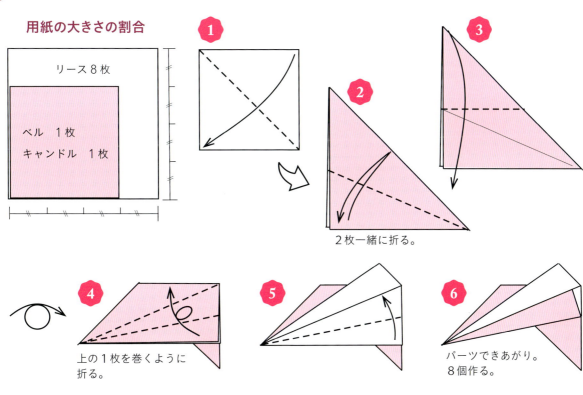

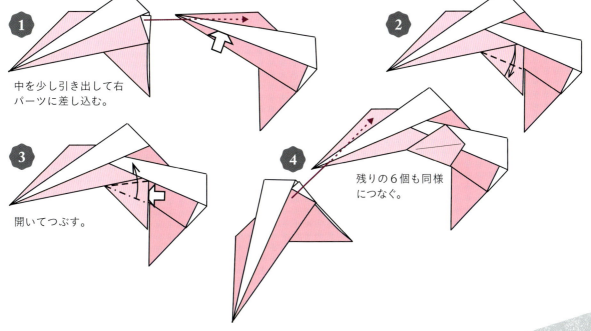

クリスマスリース1

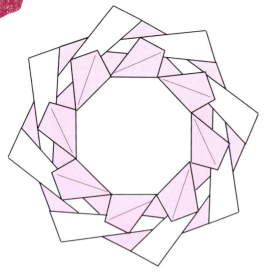

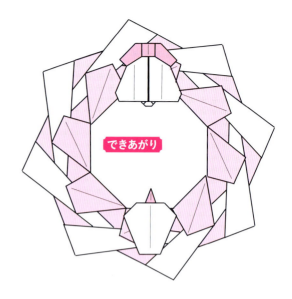

キャンドル

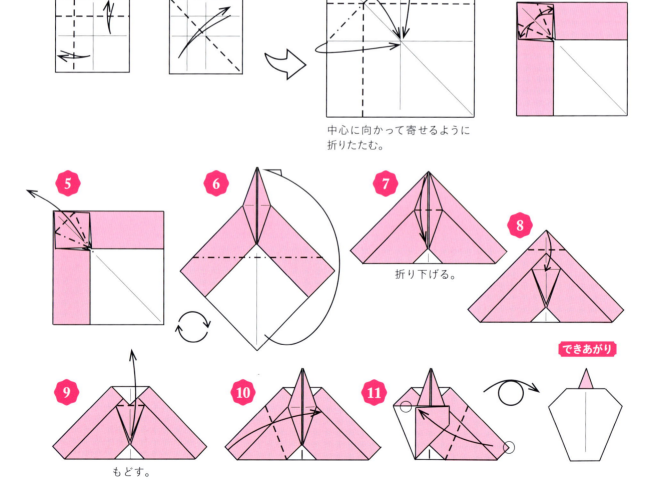

ベル

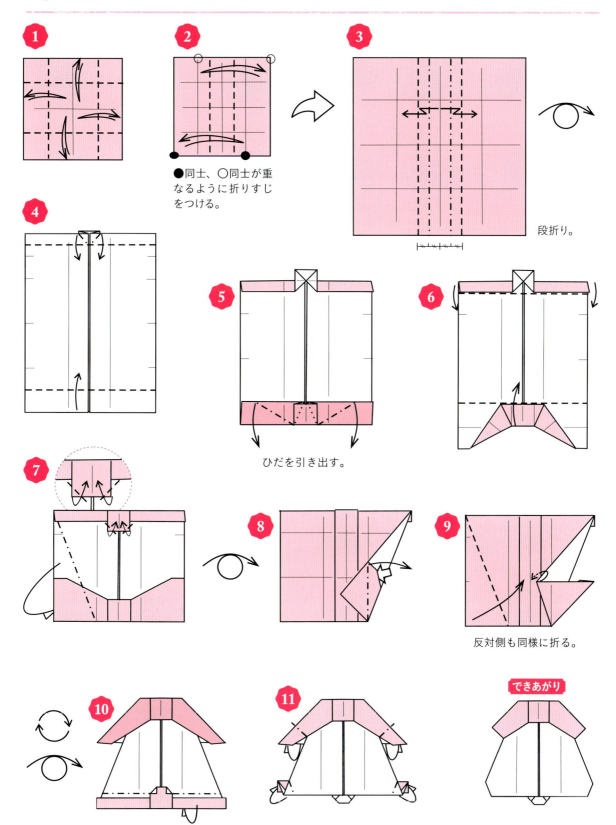

クリスマスリース2　Christmas wreath 2　写真 >> p.25

リースの定番です。クリスマスだからといって、ベルやキャンドルを飾るだけではなく、かわいいシールや動物作品を貼り付けるのもいいですね。

▶正方形用紙 8枚使用。10×10cmの用紙で直径19cmのリースができます。

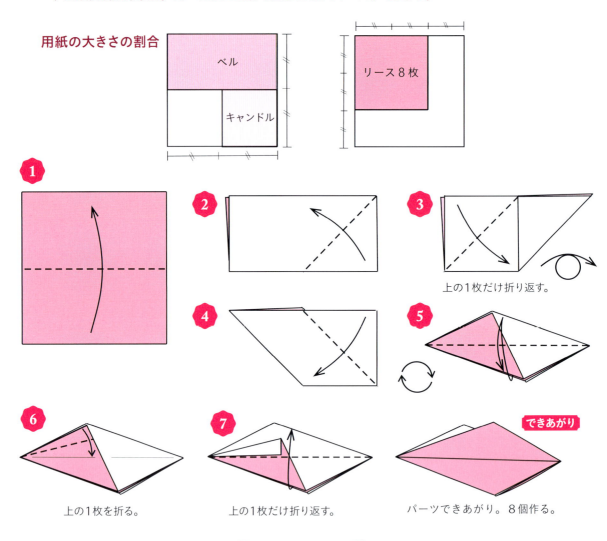

> つなぎかた <

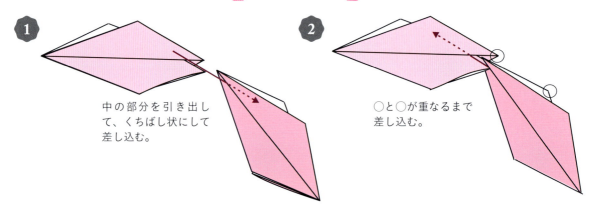

3

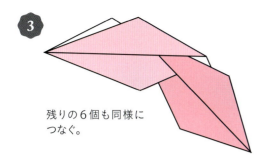

残りの6個も同様に
つなぐ。

できあがり

キャンドル

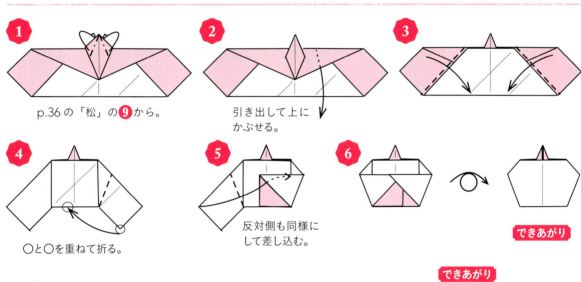

1 p.36の「松」の**9**から。

2 引き出して上に
かぶせる。

3

4 ○と○を重ねて折る。

5 反対側も同様に
して差し込む。

6 できあがり

リボン

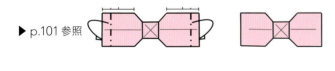

▶ p.101 参照

動くハート

▶ p.40 参照

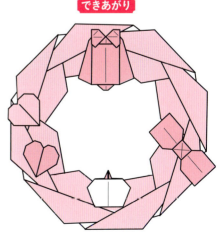

できあがり

クリスマスリース 2

ベル

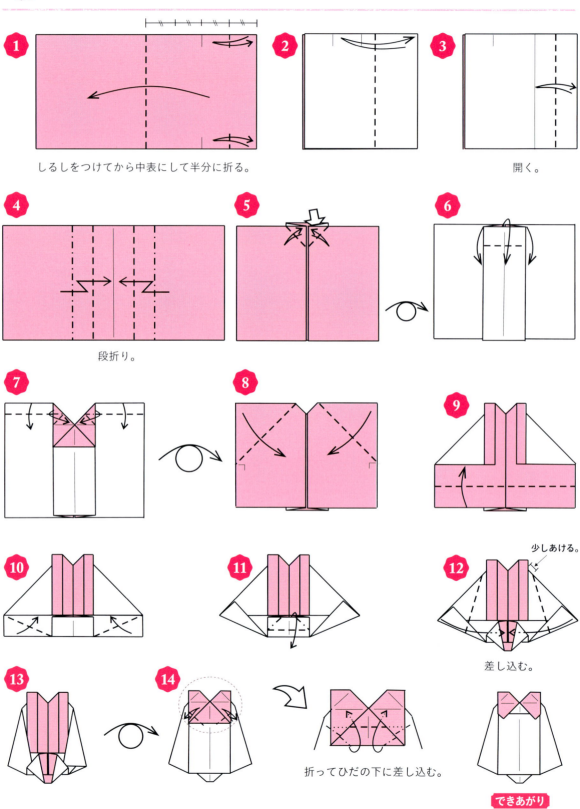

リボン Ribbons 写真 >> p.26

伝承のリボンに継ぎ手やポケットを取り付けないで、リボンのリースを作ることができます。
パーツを1個ずつ丁寧に作ることが、きれいなリース作りのコツです。

▶ 1：4の長方形用紙8枚使用。15×3.75cmの用紙で直径20cmのリースができます。

リボン1

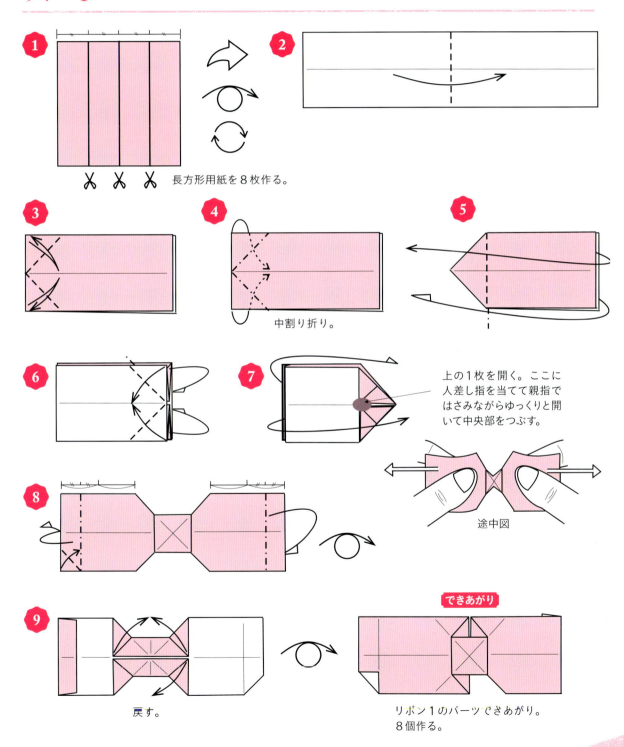

いろいろなリース　リボン

つなぎかた

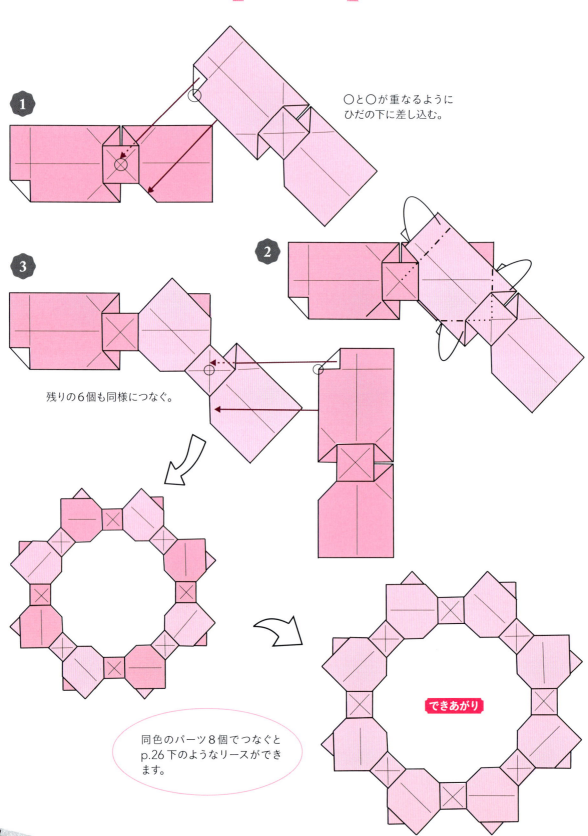

○と○が重なるように
ひだの下に差し込む。

残りの6個も同様につなぐ。

同色のパーツ8個でつなぐと
p.26下のようなリースができ
ます。

できあがり

リボン2

リボン2のパーツ、ジョイント材とも、リボン1のパーツを少し変形して作ります。

リボン2のパーツ

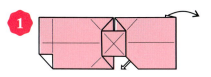 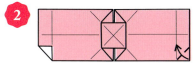 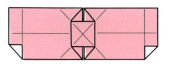

できあがり。4個作る。

ジョイント材

 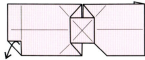 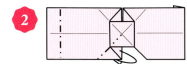 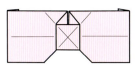

できあがり。4個作る。

つなぎかた

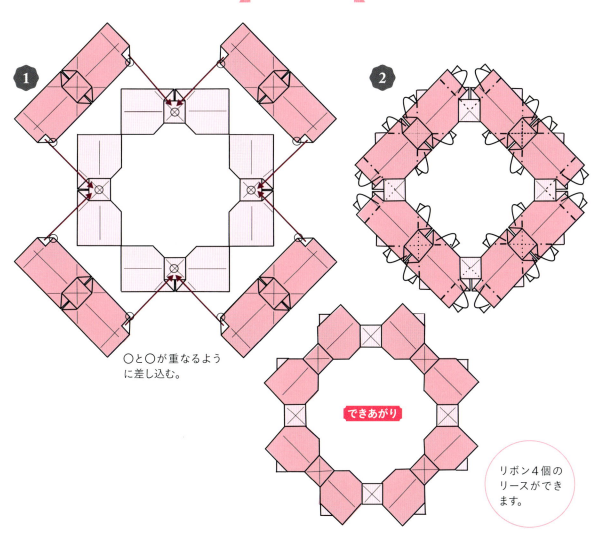

○と○が重なるように差し込む。

できあがり

リボン4個のリースができます。

チューリップ Tulips　写真 >> p.27

リボンの結び目にあたる部分に緑色の正方形の紙を重ね、「リボン1」と同じように作っていくと、緑色の紙がチューリップの葉や茎のように見えます。次頁のようにジグザグ形のリースにすると、いっそう愛らしい縁飾りになります。

▶ 1：4の長方形用紙 8枚使用。15×3.75cmで直径 20cmのリースができます。他に葉として緑色の正方形用紙8枚使用。

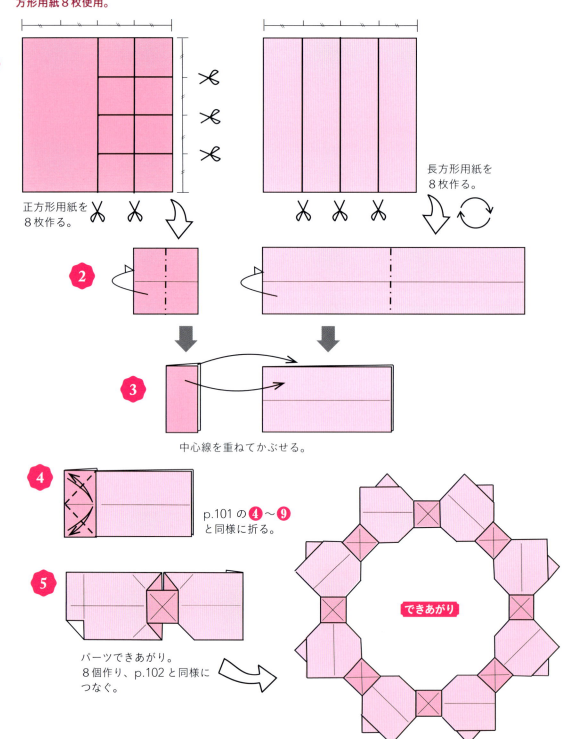

アレンジ例

3種のチューリップのパーツをそれぞれ8個ずつ作ってつなぎます。花はすべて同じ色で作ります。
▶長方形および正方形用紙各24枚使用。12×3cmと3×3cm用紙の場合、直径32cmのリースができます。

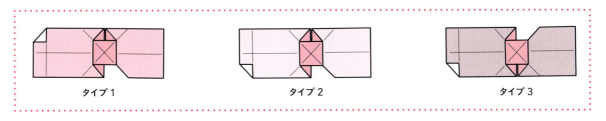

タイプ1　　タイプ2　　タイプ3

つなぎかた

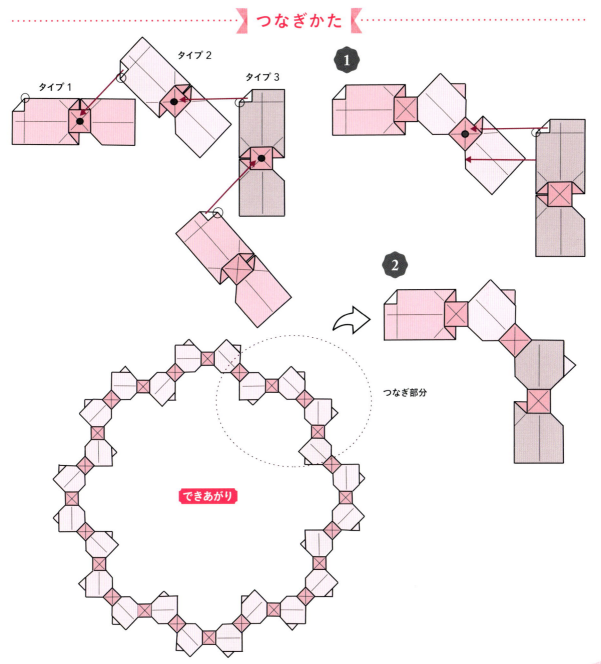

ママを追って（かるがもの親子） Chasing the mom of duck 写真 >> p.28

初夏に話題になる親子の姿です。直線つなぎの作品ですが、リースのおまけとしてご紹介します。そのまま立てることもできますし、窓に貼ると、外と内の両方から楽しめます。
▶正方形用紙数枚使用。親がも 15×15 cm 1枚、子がも 7.5 × 7.5cm 4枚で 16 cmの長さになります。

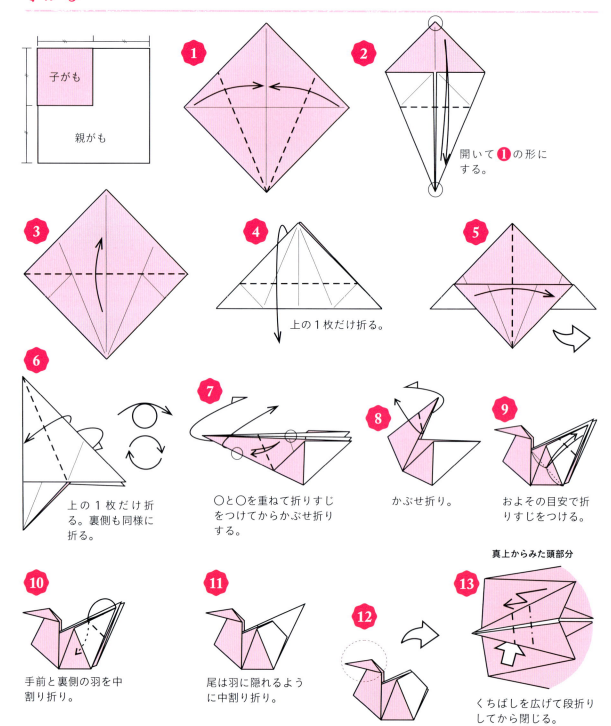

14 くちばしを下げる。

つなぎかた

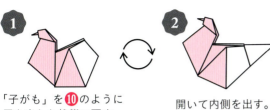

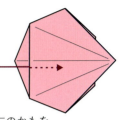

1 「子がも」を⑩のように尾を出した状態に戻す。
2 開いて内側を出す。
3 2羽分開いて、左のかもを右のかもに差し込む。

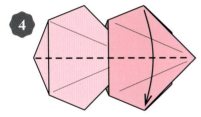

4
5 最後尾は中割り折り。

親がも

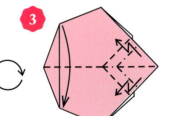

1 大きな方の紙で「子がも」の「できあがり」まで折り、両脇の羽を開く。
2 ○と○を重ねて折りすじをつける。
3 内側を広げて段折りしてたたむ。

親がもできあがり。

つなぎかた

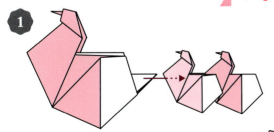
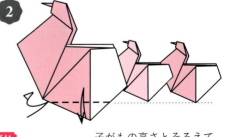

1 親がもの継ぎ手を子がものおなかのひだに差し込む。
2 子がもの高さとそろえて親がもの下の部分に折りすじをつける。裏側も同様にする。

107

くまさん Tiny bears 写真 >> p.28

p.31の「風船の基本折り」に少し手を加えると、くまさんの顔をしたパーツができます。フォトフレームにするのもよいでしょう。

▶正方形用紙 8枚使用。7.5×7.5cmの用紙で直径14cmのリースができます。

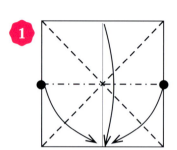

p.31 の「風船の基本折り」の ❸ から。●と●を近づけながら中心をくぼませるように折りたたむ。

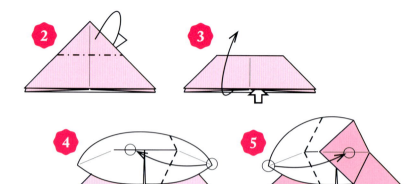

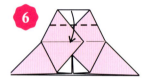
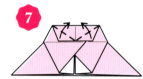
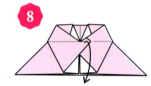
つまんで引き出す。
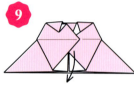
反対側も引き出す。

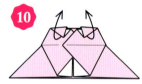
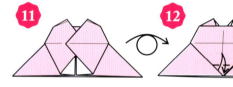
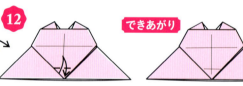

パーツできあがり。
8個作る。

つなぎかた

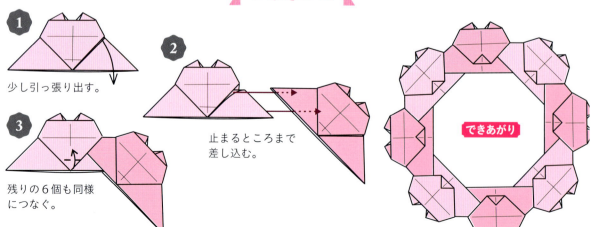

1 少し引っ張り出す。

2 止まるところまで差し込む。

3 残りの6個も同様につなぐ。

できあがり

TRUE HEART（夢がかなうハート） 写真 >> p.29
True hearts for a dream comes true

鶴のついたハートをいくつか糊付けしてつなぐと、リース状の立体や、かわいい鶴のカップルなどに変身します。鶴を倒せば平面作品にすることもできます。鶴とハートで「TRUE HEART」。言葉遊びに夢を添えて、折り紙仲間の阿部文子さんが素敵な名前をつけてくれました。

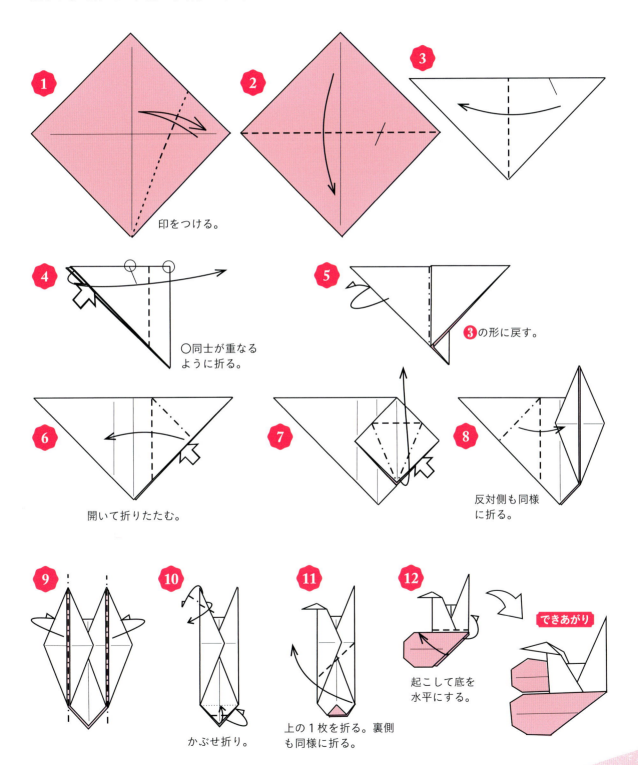

TRUE HEART

▶ つなぎかた

TRUE HEARTをいくつかつないでみましょう。いろいろなつなぎ方を楽しんで下さい。

2個つなぎ（p.29 左上） ▶ 15×15cmの正方形用紙 2枚使用。横14cm、縦9cm、高さ6cmになります。

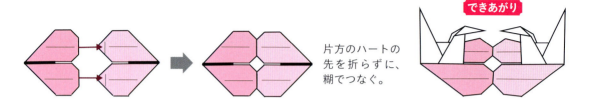

片方のハートの先を折らずに、糊でつなぐ。

4個つなぎ（p.29 左中） ▶ 15×15cmの正方形用紙 4枚使用。直径15cmのプレート状になります。

4個を図のように並べて裏打ちする。

V字つなぎ（p.29 左下） ▶ 15×15cmの正方形用紙 7枚使用。横34cm、縦22cmのV字形になります。

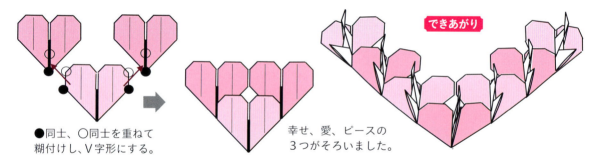

●同士、〇同士を重ねて糊付けし、V字形にする。

幸せ、愛、ピースの3つがそろいました。

8個つなぎ A（p.29 右上） ▶ 15×15cmの正方形用紙 8枚使用。直径22cmのリースになります。

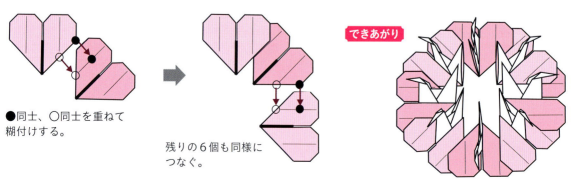

●同士、〇同士を重ねて糊付けする。

残りの6個も同様につなぐ。

8個つなぎ B （p.29 右中） ▶ 15 × 15cmの正方形用紙 8枚使用。直径 26cmのリースになります。

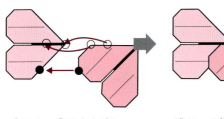

●同士、○同士を重ねて糊付けする。

残りの6個も同様につなぐ。

8個つなぎ C （p.29 右下） ▶ 15 × 15cmの正方形用紙 8枚使用。直径 29cmのリースになります。

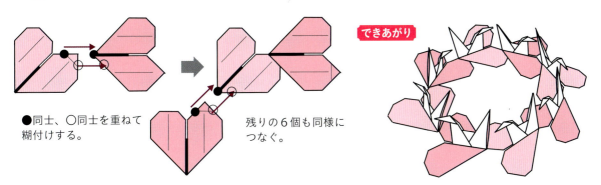

●同士、○同士を重ねて糊付けする。

残りの6個も同様につなぐ。

おわりに

折り紙を長年続けてこられた理由のいくつかの中に、世界で「ユニットの女王」といわれる布施知子さんの著書に出会い、幸いなことにお知り合いになれたこと、日本折紙協会に入会し、多くの情報とたくさんの折り紙仲間にめぐり会って成長させていただいたことなどがあります。布施さんからは長年にわたり、折にふれてさりげないサポートをいただいておりますが、今回の出版にもお力を貸していただきました。また、かけがえのない折り紙仲間からは、多くのアドバイスや声援をいただきました。深く感謝申し上げます。

そして右往左往する私に寄り添い、励ましと的確な助言、及びきめこまやかなお心遣いで導いて下さった編集者の川崎和美さん。一つの作品にたっぷり向き合って美しい写真を撮ってくださったカメラマンの松岡伸一さん。パソコンと格闘しながら描いた折り図を素敵なデザインでカバーして下さったデザイナーの寺田朋子さん。その他、出版までにかかわって下さった皆様に心より御礼申し上げます。

永田紀子

著者プロフィール

永田紀子 (ながた・のりこ)

愛知県名古屋市生まれ。現在横浜市在住。

30数年前、理論物理学者・伏見康治氏の著書『折り紙の幾何学』に魅了され、折り紙に興味を持つ。以来、「折りすじが表す図形の性質」を意識しながら、シンプルな作品づくりを心がけている。

主な作品や論文は、『おりがみユニット広場』（布施知子編、誠文堂新光社刊）、月刊『おりがみ』（日本折紙協会発行）、"A Study of Twist Boxes", Proceedings of 3OSME（2001年）、海外の雑誌等に数多く掲載されている。他に、『折り紙の数理と科学』（Thomas Hull 編、川崎敏和監訳、森北出版刊 2004年）を分担執筆。

日本折紙協会会員。折紙教育を考える会会員。英国折紙協会（British Origami Society）会員。

[協力]

相生陽子（日本折紙協会会員）

日本折紙協会
 東京都墨田区本所1-31-5（東京おりがみミュージアム）
 TEL：03-3625-1161　https://www.origami-noa.jp/

いなば和紙協業組合
 鳥取市青谷町河原350-1　TEL：0857-86-0211

本書の内容の一部あるいは全部を無断で複写複製（コピー）することは、法律で認められた場合を除き、著作者および出版社の権利の侵害となりますので、その場合は予め小社あて許諾を求めて下さい。

リース折り紙12か月
パーツを組み合わせて作る楽しい輪飾り

●定価はカバーに表示してあります

2017年11月20日　初版発行
2018年 8月20日　6刷発行

著　者　永田紀子
発行者　川内長成
発行所　株式会社日貿出版社
 東京都文京区本郷5-2-2　〒113-0033
 電　話　（03）5805-3303（代表）
 ＦＡＸ　（03）5805-3307
 郵便振替　00180-3-18495

印刷　株式会社シナノパブリッシングプレス
撮影　松岡伸一
ⓒ 2017 by Noriko Nagata/Printed in Japan.
落丁・乱丁本はお取替えいたします

ISBN978-4-8170-8244-2　　http://www.nichibou.co.jp/